Julian Nida-Rümelin · Nathalie Weidenfeld

Digitaler Humanismus

PIPER

Zu diesem Buch

»Der digitale Humanismus ist nicht defensiv, er möchte den technischen Fortschritt im Zeitalter der Künstlichen Intelligenz nicht bremsen, sondern fördern, er spricht sich für eine Beschleunigung des menschlichen Fortschritts unter Einsatz der digitalen Möglichkeiten aus, um unser Leben reichhaltiger, effizienter und nachhaltiger zu machen. Er träumt nicht von einer ganz neuen menschlichen Existenzform wie die Transhumanisten, er bleibt skeptisch gegenüber utopischen Erwartungen, ist aber optimistisch, was die menschliche Gestaltungskraft der digitalen Potenziale angeht.«
Wir befinden uns inmitten einer disruptiven technologischen Veränderung, die digitale Revolution ist in vollem Gange. Künstliche Intelligenz wird viele Arten menschlicher Arbeit übernehmen: Roboter werden Pakete austragen, Taxi fahren, Bankberatung anbieten, in Callcentern arbeiten und neben Ärzten in Krankenhäusern operieren. Die Digitalisierung durchdringt schon heute unsere Arbeitswelt, aber auch unsere privaten Lebenswelten und übt einen gewaltigen Veränderungsdruck auf die ökonomischen und sozialen Verhältnisse aus.
Dieses Buch ist eine Stimme der Vernunft in einem hysterischen Streit zwischen den Euphorikern und den Apokalyptikern der Künstlichen Intelligenz. Es entwickelt die philosophischen Grundlagen eines digitalen Humanismus, der klar unterscheidet zwischen menschlichem Denken, Empfinden und Handeln einerseits und softwaregesteuerten, algorithmischen Prozessen andererseits.

Julian Nida-Rümelin studierte Philosophie und Physik, er war deutscher Kulturstaatsminister und lehrt heute Philosophie und politische Theorie an der Universität München. Er leitet den Bereich Kultur am Zentrum Digitalisierung Bayern.
Nathalie Weidenfeld studierte amerikanische Kulturwissenschaft und promovierte an der FU Berlin. Sie verfasste Romane und Sachbücher und arbeitete als Lektorin und Filmwissenschaftlerin.

Julian Nida-Rümelin
Nathalie Weidenfeld

DIGITALER HUMANISMUS

Eine Ethik für das Zeitalter
der Künstlichen Intelligenz

Mit 16 Schwarz-Weiß-Abbildungen

PIPER

Mehr über unsere Autoren und Bücher:
www.piper.de

Ungekürzte Taschenbuchausgabe
ISBN 978-3-492-31616-3
1. Auflage Juli 2020
2. Auflage Oktober 2020

Umschlaggestaltung: Büro Jorge Schmidt, München
Umschlagabbildung: imago images/allOver/Karl Thomas
Satz: Kösel Media GmbH, Krugzell
Gesetzt aus der Sabon
Litho: Lorenz & Zeller, Inning am Ammersee
Druck und Bindung: CPI books GmbH, Leck
Printed in the EU

Inhalt

Vorwort von Julian Nida-Rümelin

Nach dem Abitur am humanistischen Wilhelmsgymnasium in München wusste ich, was mich interessiert, aber nicht, was ich studieren sollte. Drei Bereiche interessierten mich besonders: das Gestalterische (mein Vater hatte mir nur mit Mühe ausreden können, ebenfalls Künstler zu werden), einschließlich Technik, Handwerk und Design, das Mathematisch-Naturwissenschaftliche, speziell die Physik, und schließlich die philosophische Reflexion. Ich entschied mich dann für ein Doppelstudium Philosophie und Physik, in der Erwartung, dass sich meine zukünftige berufliche Tätigkeit aus der Physik (und Mathematik) ergeben würde, ich aber mit dem Philosophiestudium die Basis legen könnte für eine lebenslange Beschäftigung mit philosophischen Fragen. Es ist anders gekommen. Nach dem Vordiplom in Physik bekam ich die Chance, bei Wolfgang Stegmüller, dem damals renommiertesten europäischen Wissenschaftstheoretiker, zu promovieren, und entschied mich ganz für die Philosophie. Ich habe es nicht bereut, aber die anderen Interessen haben sich dadurch nicht erübrigt.

Dieses Buchprojekt bot die Chance, eine Brücke zu schlagen zwischen Philosophie, Technik, Naturwissenschaft und Kultur. Damit diese nicht zu einseitig ausfällt, wurde es in Co-Autorschaft geschrieben mit

Nathalie Weidenfeld, die mit Naturwissenschaft und Technik wenig anfangen kann, umso mehr aber mit den fiktionalen Welten der Literatur und des Films. Unsere Hoffnung und die des Piper Verlags, auf den die Anregung zu diesem Buch zurückgeht, ist es, dass diese Autorenkombination nicht nur beim Schreiben Spaß gemacht hat, sondern auch Ihnen als Leserin oder Leser zugutekommt.

Allerdings kann und will ich Sie nicht mit komplexen Argumenten verschonen. Das vielleicht komplexeste überhaupt stammt nicht von mir, sondern von Kurt Gödel, ein meta-mathematisches Theorem aus den 1930er-Jahren, das zeigt, dass es wahre Sätze in der Mathematik und der Logik gibt, die algorithmisch nicht beweisbar sind. Dieses Theorem spielt für meine Argumentation eine wichtige Rolle, und ich hoffe, dass diese im Zuge der unterschiedlichen Reflexionen des Buches zunehmend deutlich wird.

Digitale Computer sind algorithmische Maschinen oder auch Turing-Maschinen (nach dem Mathematiker Alan Turing).[1] Menschen und andere hoch entwickelte Lebewesen sind keine Maschinen. Die Natur als Ganzes ist keine Maschine. Viele Mythen seit der Antike bis ins heutige Hollywood kreisen um dieses Verhältnis Mensch/Maschine. In manchen Mythen ist der Mensch nur eine Maschine, in anderen ist die Natur als Ganzes eine Maschine, in anderen unterjochen Maschinen Menschen, und manche Utopisten glauben, dass das endgültige Reich der Freiheit darin bestehen wird, ausschließlich Maschinen arbeiten zu lassen. Ein digitaler Humanismus transformiert den Menschen nicht in eine Maschine und interpretiert Maschinen nicht als Menschen. Er hält an der Besonderheit des Menschen und seiner Fähigkeiten fest und bedient sich der digitalen Technologien, um diese zu erweitern, nicht um diese zu beschränken.[2]

Dieses Buch ist keine wissenschaftliche Abhandlung, aber es beruht auf Wissenschaft. Ich habe mich in den vergangenen Jahren intensiv mit Fragen der Technik-Philosophie befasst, unter anderem im Rahmen eines größeren EU-Forschungsprojektes (Robo-Law). Zusammen mit Fiorella Battaglia und Mitarbeitern haben wir uns unter anderem mit den Kriterien der Verantwortung in der Robotik, aber auch mit ethischen Aspekten autonomen Fahrens auseinandergesetzt.[3] Zudem haben mich die bayerischen Landesminister Ilse Aigner und Ludwig Spaenle Anfang 2017 zum Leiter des Bereichs Kultur im *Zentrum Digitalisierung Bayern* (ZD.B)[4] berufen. Auch im Rahmen dieser Aktivitäten habe ich mir vorgenommen, einen Beitrag zu leisten, um zur Rationalisierung des Digitalisierungsdiskurses beizutragen. Jenseits apokalyptischer Untergangsszenarien und technizistischer Erlösungshoffnungen gibt es den mittleren Weg der Bewahrung und Verbesserung der menschlichen Lebensbedingungen durch den kulturell, sozial und politisch kontrollierten Einsatz technologischer Möglichkeiten. Die menschliche Existenzform ist nicht Annex technischer Entwicklung, vielmehr ist es die große Herausforderung unserer Verantwortlichkeit, die Digitalisierung so zu gestalten, dass sie zur Humanisierung der Welt beiträgt.

Vorwort von Nathalie Weidenfeld

In meiner Dissertation beschäftigte mich die Frage, welche kulturwissenschaftliche Rolle die Figur des Außerirdischen in der US-amerikanischen Kultur spielt. Mir fiel auf, dass die Darstellung von Außerirdischen – sei es in Filmen wie *E. T. – Der Außerirdische* (Regie: Steven Spielberg. USA, 1982), *Species* (Regie: Roger Donaldsons. USA, 2007), *Cocoon* (Regie: Ron Howard. USA, 1985), *Mars Attacks!* (Regie: Tim Burton. USA, 1996) oder auch in vermeintlichen Tatsachenberichten (den Berichten über angebliche Entführungen durch Außerirdische) – sich immer zwischen zwei Polen bewegt: Einerseits gibt es den bedrohlichen und andererseits den Heil bringenden Außerirdischen. Diese beiden Stereotype sind dieselben deren sich die westliche Kultur seit Jahrhunderten bedient hat, um das jeweils als »anders« Markierte (Indianer, Frauen etc.) in einem sogenannten »primitivistischen Gestus« zu beschreiben und dabei eigene Ängste, Hoffnungen und Obsessionen auf das Andere zu projizieren und zu reflektieren.

Auch in der Beschreibung (zukünftiger oder fiktiver) Roboter finden sich dieselben Stereotype wie bei den Außerirdischen: Es gibt den grausamen und betrügerischen Roboter, der den Menschen überlegen ist und droht, die Menschheit auszulöschen oder zu versklaven, wie etwa in der Filmtrilogie *Matrix* (Regie: Geschwister Wachowksi. USA, 1999), und es gibt den unschuldigen und (oft auch) moralisch überlegenen Roboter, wie zum Beispiel Sonny aus *I, Robot* (Regie: Alex Proyas. USA, 2004), der geschaffen worden ist, Menschen zu gehorchen, und sich dann im Laufe des Films in eine Art digitalen Martin Luther King verwandelt. Die Darstellung kann aber auch innerhalb eines einzigen Films zwischen diesen beiden Polen oszillieren, wie etwa in *Ex Machina* (Regie: Alex Garland. UK, 2015), wo die Roboterfrau Ava zu Beginn dem Stereotyp des versklavten, unschuldigen Roboters entspricht, um sich am Ende des Films als Stereotyp des grausamen, kalten und bösen Roboters zu entpuppen.

Hollywoodfilme sind aufschlussreich, weil sich an ihnen die immer wiederkehrenden ideologischen Haltungen ablesen lassen, die in der Diskussion um KI (Künstliche Intelligenz) und Digitalisierung der Gesellschaft eine Rolle spielen. Filme sind unsere modernen Mythenmaschinen. Sie sind nicht nur dramaturgisch so aufgebaut wie klassische Mythen, sondern entwickeln auch eine vergleichbare Prägekraft. Dabei haben sie durchaus eine sich selbst verstärkende Wirkung. Sie sind nicht nur Ausdruck unserer Ängste, Hoffnungen und Obsessionen, sie fördern diese auch.

Möglicherweise erfüllen die Figur des Roboters und die Darstellung einer volldigitalisierten Welt, wie sie in Filmen imaginiert wird, auch eine psychologische Funktion: In einer Zeit, in der weder Gott noch die Natur den Menschen der westlichen Welt Ehrfurcht einflößen kann, braucht es vielleicht die Vorstellung einer hochavancierten Technik, die so fortgeschritten ist, dass sie den Menschen bedrohlich werden kann, um in ihm Gefühle wie Respekt und Demut zu reaktivieren. In jedem Fall sind Science-Fiction-Filme auch immer Ausdruck einer Reflexion über die *conditio humana*. In dem von Fiorella Battaglia und mir herausgegebenen Band *Roboethics in Film* (2014) befasst sich mein Beitrag »Lessons in humanity: What happens when robots become human« mit ebendieser Frage.

Als Martin Janik vom Piper Verlag Julian Nida-Rümelin den Vorschlag machte, ein Buch über KI und Digitalisierung zu verfassen, kam uns die Idee, auch die zeitgenössischen Mythen, wie sie sich besonders im Hollywoodfilm manifestieren, in die Analyse einzubeziehen und damit zwei unterschiedliche Kompetenzen – die von Julian Nida-Rümelin im Bereich Philosophie, Logik und Wissenschaftstheorie sowie meine im Bereich Literaturwissenschaft und Filmtheorie – zusammenzuführen. Für uns war diese Kooperation eine interessante Erfahrung. Zu jedem philosophischen Argument fielen mir sofort mehrere Beispiele aus der Filmliteratur ein, die dieses illustrierten. Wir nahmen uns vor, die trockene philosophische Analyse mit fiktionalen Welten zu verbinden und damit erfahrungsgesättigter und lebensnaher zu machen. Denn in den modernen Mythen aus Hollywood werden existenzielle Fragen unseres Selbstverständnisses verhandelt, die eine philosophische Tiefendimension haben, die in den Filmen allenfalls angedeutet wird, aber in diesem Buch ausgelotet werden sollen.

1

Einführung

Möglicherweise wird man in einer fernen Zukunft auf die Menschheitsgeschichte zurückblicken und von drei großen disruptiven technologischen Innovationen sprechen. Der Übergang von der Jäger-und-Sammler-Kultur zur sesshaften Agrarkultur mit Ackerbau und Viehzucht in der Jungsteinzeit, der Übergang zum Maschinenzeitalter auf der Grundlage fossiler Energieträger im 19. Jahrhundert und schließlich die digitale Revolution des 21. Jahnhunderts: die Nutzung künstlicher Intelligenz. Sollte dies einmal so sein, dann stehen wir heute erst am Anfang einer technologischen Revolution, ähnlich wie Europa in den ersten Jahrzehnten des 19. Jahrhunderts. Und so wie damals sind die technologischen Neuerungen auch heute von apokalyptischen Ängsten, aber auch euphorischen Erwartungen begleitet.

Dieses Buch befasst sich mit kulturellen und philosophischen Aspekten der Künstlichen Intelligenz und plädiert für einen digitalen Humanismus. Dieser ist technik-, aber auch menschenfreundlich. Er setzt sich von den Apokalyptikern ab, weil er der menschlichen Vernunft vertraut, und er setzt sich von den Euphorikern ab, weil er die Grenzen digitaler Technik achtet.

Der Traum von der menschlichen Erschaffung künstlicher Wesen ist seit Jahrtausenden Teil mythologischer Erzählungen. In der Antike ist es der Mythos des Prometheus, eines Gottes aus dem Titanengeschlecht, der ohne göttliche Erlaubnis denkende und fühlende Lehmwesen schafft und dafür von Zeus bitter bestraft wird. Im Mittelalter findet sich dann die Geschichte des Golem, eines aus Lehm geschaffenen künstlichen Wesens, das zwar stumm und nicht vernunftbegabt ist, aber viel Kraft besitzt und Aufträge ausführen kann. Auch die Literatur verarbeitet den Mythos des künstlich geschaffenen Wesens. So etwa die romantische Erzählung *Der Sandmann* von E. T. A. Hoffmann (1816), in dem es um eine geheimnisvolle Frau namens Olimpia geht, in die sich der Protagonist Nathanael verliebt, die aber in Wahrheit eine belebte Puppe ist. Das berühmteste Beispiel aus dieser Zeit ist vermutlich Mary Shelleys Roman *Frankenstein oder Der moderne Prometheus* (1818). In dieser tragischen Geschichte erschafft ein Schweizer Naturwissenschaftler einen künstlichen Menschen. Diese Kreatur erregt durch ihre Größe und Hässlichkeit so viel Abscheu und Angst, dass sie keinen Anschluss an die menschliche Gesellschaft finden kann und, im Gegenteil, immer mehr Wut und Hass in sich ansammelt. Am Ende tötet sie die Braut seines Schöpfers und sich selbst.

Dass wir humanoide Maschinen als »Roboter« bezeichnen, verdanken wir einem Theaterstück des tschechischen Schriftstellers Karel Čapek, der 1920 das Drama *R. U. R.* veröffentlichte, in dem er, wie er selbst sagte, den Mythos des Golem verarbeitete. Es geht in diesem Drama um eine Firma namens R. U. R. (Rossums Universal Roboter), die künstliche Menschen – also Roboter – herstellt, um sie als billige Arbeitskräfte zu missbrauchen, die sich allerdings im Laufe der

Geschichte gegen ihre Sklaverei auflehnen und die Menschheit auslöschen.

Heute sind es vor allem Science-Fiction-Geschichten, in denen der »Frankenstein-Komplex«[5] weiterlebt, zum Beispiel in den Romanen und Erzählungen Stanisław Lems[6] oder des US-amerikanischen Autors Philip K. Dick[7], in denen Roboter und künstliche Wesen eine wichtige Rolle spielen. In den letzten Jahren haben vor allem US-amerikanische Sci-Fi-Blockbuster auf die mythologische Figur des künstlichen Menschen zurückgegriffen. Dieser taucht nun als von Menschen hergestellter Roboter auf, der in der Zukunft auf der Erde oder auch auf Raumschiffen mit Menschen kooperiert.

Aber auch die Vorstellung einer volldigitalisierten Welt wird in Science-Fiction-Filmen aufgegriffen und reflektiert – fast immer als dystopische Vision: sei es die von Maschinen vollständig beherrschte Welt der *Matrix*-Trilogie, in der die Maschinen den Menschen in einer digital erzeugten Welt gefangen halten, oder die Bilderwelt von *Tron* (Regie: Steven Lisberger. USA, 1982) beziehungsweise seinem Sequel *Tron: Legacy* (Regie: Joseph Kosinski. USA, 2010), in denen eine zukünftige Welt imaginiert wird, in der die Digitalisierung so weit fortgeschritten ist, dass sie selbst eine Art dämonisches Eigenleben entwickelt, das danach trachtet, die Welt vollständig zu kontrollieren, oder das futurische »Paradies« in *Demolition Man* (Regie: Marco Brambilla. USA, 1993), in dem die Menschen aufgrund digitaler Anweisungen handeln und interagieren und selbst sexuelle Kontakte nur über die Vermittlung digitaler Medien erfolgen darf. Unnötig zu erwähnen, dass dieses »Paradies«, das in Wahrheit ein diktatorisches Regime ist, am Ende des Films zerstört wird.

Unterdessen ist manches, was in der Menschheitsgeschichte fantasiert wurde, Realität geworden. Das berühmteste Beispiel hierfür ist wohl das aufklappbare »Bord-Handy« Captain Kirks aus der US-TV-Serie *Raumschiff Enterprise* (1966–1969), das etwa fünfzig Jahre später in Form des Klapphandys StarTAC von Motorola eine technologische Realisierung erfuhr. Es scheint sogar so, dass die Mythen lediglich eine durch neue Technologien imprägnierte Form annehmen, aber im Kern unverändert bleiben: der Mythos der Maschine in Menschengestalt, die am Ende die Macht übernimmt, der Mythos der belebten Puppe, der Mythos einer Freundschaft zwischen Mensch und Maschine. Aber im Unterschied zu früheren Jahrhunderten scheinen diese Mythen nun durch konkrete technologische Optionen wiederbelebt zu sein.

Es kann kein Zweifel bestehen, wir leben in einer Zeit des technologischen Umbruchs. Dieses und das nächste Jahrhundert – davon sind viele überzeugt – werden das Zeitalter sein, in dem Roboter viele Arten menschlicher Arbeit übernehmen. Es wird Roboter geben, die Pakete austragen, Taxi fahren, sich als Bankberater betätigen, den Weltraum erkunden, in Callcentern arbeiten, neben Ärzten in Krankenhäusern operieren und möglicherweise auch Romane schreiben oder sich anderweitig als Künstler betätigen. Die Digitalisierung hat schon heute unsere Arbeitswelt, aber auch unsere privaten Lebenswelten durchdrungen und übt einen gewaltigen Veränderungsdruck auf die ökonomischen und sozialen Verhältnisse aus. Dies wirft viele Fragen auf.

Zum Beispiel die, welche Folgen die Schaffung humanoider Roboter für uns und den Fortbestand der Menschheit haben wird. Nicht nur Bestsellerautoren wie Daniel H. Wilson (*Robocalypse*, 2011), sondern auch ein ehemaliger wissenschaftlicher Mitarbeiter der Carnegie Mellon University, der in Robotik promovierte, entwirft das Szenario einer Bedrohung der Menschheit durch Roboter, auch Wissenschaftler wie Stephen Hawking[8] oder der Philosoph Nick Bostrom[9] warnen davor, Roboter könnten eines Tages die menschliche Spezies an Denk- und Handlungskompetenz übertreffen und ihre Fähigkeiten gegen die Menschheit wenden.[10]

Parallel zu diesen zuweilen apokalyptischen Befürchtungen gibt es aber auch utopische Hoffnungen auf eine neue digitale Welt. Eine Welt, in der uns digitale Roboter als moderne Sklaven ein Reich der Freiheit und der unbegrenzten Entfaltung menschlicher Fähigkeiten begründen oder – glaubt man KI-Theoretikern wie etwa Hans Moravec[11] – dem Menschen durch die Bereitstellung eines künstlichen Körpers, mit dem das menschliche Hirn vernetzt werden könnte, eine unsterbliche Existenz ermöglicht wird.

Es spricht viel dafür, dass das, was im Digitalisierungsdiskurs als »starke KI« bezeichnet wird – also die These, dass Softwaresysteme über Bewusstsein verfügen, Entscheidungen treffen, Ziele verfolgen, dass ihre Leistungen nicht lediglich Simulationen personaler Kompetenzen sind, sondern diese realisieren (worauf wir zum Beispiel im 2. und 5. Kapitel noch näher eingehen werden) –, eines Tages als eine Form des modernen Animismus, also der Beseelung von Nicht-Beseeltem, gelten wird.

Aber natürlich präsentiert sich eine solche Digitalisierungsideologie nicht als regressiv und kindlich, sondern ganz im Gegenteil als rational und wissenschaftlich. Sie hat eine lange kulturelle Vorgeschichte und beginnt in unserem Kulturkreis bei den Pythagoräern im 5. Jahrhundert vor Christus. Es ist die Vorstellung einer streng in numerischen Relationen geordneten Welt, deren Harmonie und Rationalität sich erst in der mathematischen Analyse erschließt. Zweihundert Jahre später fügen die stoischen Philosophen dieser Theorie die These der Übereinstimmung von Weltvernunft und Menschenvernunft (*logos*) hinzu. Demnach sind Menschen nur deshalb in der Lage, vernünftig zu denken und zu handeln, weil sie fähig sind, an der Weltvernunft teilzuhaben. Der Logos ordnet die Welt nach streng deterministischen Gesetzen, und der Mensch hat sich in diese Weltvernunft einzufügen. Schon den Stoikern und ihren Gegnern fiel allerdings auf, dass sich hier ein Spannungsfeld auftut zwischen einer Weltsicht umfassender Determiniertheit und einer Selbstsicht als freier und verantwortlicher menschlicher Akteur. Führt die KI-Ideologie zu einer Neuauflage dieses Konfliktes, überwindet der digitale Humanismus denselben.

Wir entwickeln in diesem Buch die Grundzüge eines digitalen Humanismus als Alternative zu dem, was man etwas vereinfachend als »Silicon-Valley-Ideologie« bezeichnen kann.

Diese hängt mit der uramerikanischen, puritanisch geprägten Erlösungshoffnung zusammen, eine Welt der Reinen und Gerechten zu schaffen, die Schmutz und Sünde hinter sich gelassen haben. Ähnlich dem Prediger John Winthrop, der in seiner berühmten Rede

»City upon a hill« (Stadt auf einem Hügel) im Jahre 1630 den puritanischen Siedlern Mut und Hoffung machen wollte, indem er sie auf ihre Sonderstellung und die herausragende Bedeutung der Besiedlung für den Rest der Welt hinwies, verkünden viele Software-ingenieure aus Silicon Valley ihre »Auserwähltheit« und die Einzigartigkeit ihres Arbeitsplatzes, an dem Dinge entstehen, die für den Rest der Menschheit wichtig sind: »The people who built Silicon Valley were engineers. They learned business, they learned a lot of things, but they had a real belief that humans, if they worked hard with other creative, smart people, could solve most of humankind's problems. I believe that very much.« (»Die Menschen, die das Silicon Valley aufgebaut haben, waren Ingenieure, sie kannten sich mit Business aus, sie lernten viel, vor allem aber glaubten sie fest daran, dass sie, wenn sie nur hart mit anderen kreativen Menschen arbeiteten, die meisten Probleme der Menschheit lösen würden. Ich glaube fest daran.«) Silicon Valley und die Arbeit an KI wird damit metaphysisch aufgeladen. Sie bedeutet nicht nur Big Business, sie ist auch eine Glaubensfrage.

Die zentralen Werte dieses Glaubens sind Transparenz und Berechenbarkeit, ökonomischer Erfolg und mäzenatisches Engagement. In Zeiten der Digitalisierung bringen sie perfekt konstruierte Gegenüber hervor, Softwareidentitäten, deren Konstruktion jeden Fehler ausschließt und die uns als Partner in ein technologisches Utopia führen. Der Schlüsselbegriff ist dabei der der Künstlichen Intelligenz, aufgeladen mit unausgesprochener Metaphysik und Theologie, eine sich selbst verbessernde, hyperrationale, zunehmend beseelte Entität, deren Schöpfer allerdings nicht Gott oder Götter sind, sondern Softwareingenieure aus Silicon Valley, die sich selbst nicht lediglich als Teil einer Industrie verstehen, sondern einer übergreifenden geistigen Bewegung, wie es Reid Hoffmann formuliert: »Silicon Valley is a mindset, not a location.«

Die Silicon-Valley-Ideologie nimmt humanistische Impulse als Ausgangspunkt, um sie dann – nicht zum ersten Mal in der Kulturgeschichte der Menschheit – zu anti-humanistischen Utopien zu transformieren. Sie beginnt bei der Verbesserung des Humanen und endet in seiner finalen Überwindung. Sie will das menschliche Leben auf dem Planeten verbessern und stellt die Bedingungen von Humanität infrage. Sie überführt den Humanismus zum Transhumanismus und zur technizistischen Utopie, in der das Menschliche auf der Strecke bleibt. Dem stellt sich der digitale Humanismus als eine Ethik für das Zeitalter der Künstlichen Intelligenz entgegen.

2

»Guten Morgen, wie kann ich Ihnen behilflich sein?«

Roboter als neue (digitale) Sklaven

[1] Der Roboter als freundlicher Postbote (*I, Robot*. Regie: Alex Proyas. USA, 2004).

Früh am Morgen. Detective Spooner, ein cooler Typ in Ledermantel, Chucks und mit Mütze, macht sich bereit, zur Arbeit zu gehen. Als er die Tür aufreißt, schreckt er zusammen. Vor ihm steht ein humanoider FedEx-Roboter, der ein Päckchen für ihn unter dem Arm hält.

»Guten Morgen, Sir«, begrüßt dieser ihn höflich und fährt fort: »Und wieder eine pünktliche Lieferung von ...«

Doch weiter kommt er nicht. Spooner greift dem Roboter unsanft ins Gesicht: »Aus dem Weg, Blechbüchse!«

Der Roboter blickt ihn scheinbar verwirrt an, wünscht ihm aber dennoch einen schönen Tag (siehe Abb. 1).

Wir schreiben das Jahr 2035. Roboter kommen nicht nur in Fabriken zum Einsatz, sondern auch in Privathaushalten. Sie laufen selbstverständlich neben Menschen auf der Straße, bringen den Müll weg, erledigen Einkäufe und gehen mit den Hunden ihrer Besitzer Gassi. So sieht es zumindest in der Welt von *I, Robot* (Regie: Alex Proyas. USA, 2004) aus. Dienstbar sehen die Roboter aus. Und ein bisschen unterwürfig. Besonders gut behandelt werden sie nicht. Wenn sie angerempelt werden, sind sie es, die sich entschuldigen. Ihr Status entspricht dem von Sklaven, deren Existenzberechtigung nur darin besteht, von Menschen benutzt und eingesetzt zu werden. Zu Beginn des Films wird durch eine Einblendung klargemacht, dass Roboter ausschließlich Pflichten zu erfüllen haben.

1. Ein Roboter darf einem Menschen weder Schaden zufügen noch durch Untätigkeit zulassen, dass ein Mensch zu Schaden kommt.

2. Ein Roboter muss den Befehlen der Menschen gehorchen, außer solchen Befehlen, die ihn in Konflikt mit dem ersten Gesetz bringen.

3. Ein Roboter muss seine eigene Existenz verteidigen, solange er dabei nicht in Konflikt mit dem ersten und zweiten Gesetz gerät.

Diese Gesetze stammen im Übrigen nicht aus der Feder des Drehbuchschreibers, sondern wurden erstmals in der Erzählung *Runaround* des Wissenschaftlers und Romanautors Isaac Asimov im Jahr 1942 veröffentlicht.[12]

Spooner, der Held des Films, hat für die Roboter nur Verachtung übrig. Zudem stehen sie für ihn unter Generalverdacht. Wenn in der Stadt ein Diebstahl geschieht, verdächtigt er zuallererst Roboter, nicht Menschen. Doch nicht nur Spooner, die Gesellschaft insgesamt hat wenig Mitgefühl für ihre Robotersklaven. Wenn diese einmal nicht mehr gebraucht werden und ausgedient haben, werden sie am Rande der Stadt entsorgt und in Container gesteckt, wo sie den Rest ihrer digitalen Existenz verbringen müssen. Dort stehen sie dann, eng aneinandergeschmiegt, so als wollten sie sich trösten. Auf den Gesichtern der Roboter spiegelt sich auch eine Art noble Leidensfähigkeit. Es sind traurige Roboter. Roboter, die nicht verstehen, warum man sie so schlecht behandelt. Proyas will uns vor Augen führen, dass eine diskriminierende Behandlung von Robotern ungerecht und unmenschlich ist.

In der Realität ist bisher noch niemand auf die Idee gekommen, die Normen des deutschen Tierschutzgesetzes auf Roboter anzuwenden oder ihnen gar Menschenrechte zuzuerkennen. Es besteht ein praktischer Konsens darüber[13], dass Computer und Roboter keine mentalen Eigenschaften haben. Wir sind uns weitgehend einig darüber, dass im Gegensatz zu Tieren – denen Leidensfähigkeit zugesprochen wird – Roboter keine Empfindungsfähigkeit aufweisen. Bislang gibt es keine ernst zu nehmenden Initiativen, Computern oder Softwaresystemen Rechte aufgrund ihrer Empfindungsfähigkeit zuzuschreiben.

Nichts spricht dafür, dass auch die komplexesten Softwaresysteme über Bewusstsein verfügen. Wäre es so, müssten wir den weiteren Umgang mit ihnen ab sofort streng reglementieren und die Grund- und Menschenrechte auch auf diese anwenden. Auch die schmerzlose Tötung, die bei Tieren zulässig, bei Menschen ethisch und gesetzmäßig unzulässig ist, wäre dann untersagt. In Analogie zum Projekt »Menschenrechte für die Großen Menschenaffen«, das den Speziesismus überwinden und Tieren in dem Umfang Menschenrechte zugestehen wollte, in dem diese vergleichbare Eigenschaften haben, müssten Robotern und autonomen Softwaresystemen ebenfalls Menschenrechte zuerkannt werden. Wenn wir davon ausgehen, dass von uns geschaffene Roboter personale Wesen sind, die mit einer Identität, mit Handlungsverantwortung, Autonomie und der damit einhergehenden individuellen Würde ausgestattet sind – eine sogenannte e-Person (elektronische Person)[14] also –, dürften die betreffenden Softwaresysteme dann in Analogie zum informationellen Selbstbestimmungsrecht menschlicher Individuen nicht mehr manipuliert werden, denn dies widerspräche dem kantischen Instrumentalisierungsverbot von Vernunftwesen.

Und doch vertreten manche Befürworter der Künstlichen Intelligenz die These, dass man grundsätzlich zwischen einem menschlichen Gehirn und einem Computer nicht unterscheiden könne. So befassen sich zunehmend Juristen und Soziologen mit der Frage, inwieweit (zukünftige) Roboter bei Fehlern haftbar gemacht werden können, also eine juridische Verantwortlichkeit besitzen. In internationalen Forschungsinstitutionen fragen Juristen danach, ob Roboter als bloßes

Werkzeug zu betrachten sind, für das ihre Besitzer oder Hersteller haften müssen, oder ob sie je nach Autonomiegrad irgendwann einen speziellen Status genießen werden, der ihnen Verantwortung, aber auch Rechte zugesteht. Schließlich, so lautet hier das juristische Argument, hätten Roboter auch Pflichten zu erfüllen.

In Saudi-Arabien hat ein Roboter im Oktober 2016 zum ersten Mal in der Geschichte offiziell eine Staatsbürgerschaft erhalten. Es handelt sich um »Sophia«, einen androiden Roboter mit weiblichem Gesicht und Körper, der auf mechanische Weise Gesichtsmimik simuliert. Diese Staatsbürgerschaft gibt Sophia theoretisch Rechte, aber auch Pflichten. Allein schon, dass sie sich – im Gegensatz zu allen anderen saudi-arabischen Frauen – unverschleiert bewegen darf, sorgte für viele Diskussionen in Saudi-Arabien und darüber hinaus.

In *I, Robot* haben Roboter eine Menge Pflichten. Wenn sie diese nicht erfüllen, werden sie genauso strafrechtlich verfolgt wie Menschen. Muss aber dann nicht im Umkehrschluss gelten, dass sie dann auch Rechte wie Menschen haben sollten? Das ist jedenfalls das Fundament von Ethik und Recht ziviler und demokratischer Gesellschaften.

Auch in *A.I. – Künstliche Intelligenz* (Regie: Steven Spielberg. USA, 2001) wird eine Welt der Zukunft imaginiert, in der Roboter zu einem selbstverständlichen Teil der Menschheit geworden sind. Auch dort sind sie – wie in *I, Robot* – Sklaven und Dienstleister. Und ebenso wie dort sind sie traurige Dienstleister, die darunter leiden, als »Menschen« zweiter oder sogar dritter Klasse behandelt zu werden. Spielberg macht sehr deutlich, was seine Position im Hinblick auf Roboter ist, und greift dafür zu besonders melodramatischen Mitteln, um dem Zuschauer nahezulegen, es sei unerlässlich, Robotern in naher Zukunft nicht nur rechtliche Zugeständnisse zu machen, sondern vor allem auch das Recht auf (Menschen-)Würde zukommen zu lassen.

Wer Spielbergs These, ein Roboter besitze die gleiche Würde wie ein Mensch, wirklich ernst nimmt, muss von einer Ununterscheidbarkeit zwischen Mensch und Computer beziehungsweise softwaregesteuerten Systemen ausgehen. Wer aber meint, es könne zwischen menschlichen Gehirnen und Computern keinen kategorialen Unterschied geben, legt die Axt an die Fundamente nicht nur der wissenschaftlichen Praxis, sondern einer humanen Lebenswelt generell. Wer seinem PC gram ist, weil er sich beim Hochfahren als ungehorsam erwies, hat ein Rationalitäts- und Realitätsproblem. Er schreibt seinem Computer Eigenschaften zu, die dieser nicht hat. Nur im philosophischen Oberseminar oder in manchen Feuilletons und KI-Zirkeln kann die Ununterscheidbarkeit von Mensch und Maschine behauptet werden. Außerhalb wirkt diese Behauptung grotesk, da sie mit der tatsächlichen Praxis derjenigen, die diese aufstellen, unvereinbar ist. Natürlich schalten wir unsere Computer ab, wenn wir sie nicht mehr brauchen, wir entsorgen sie auf dem Schrottplatz und weinen ihnen keine Träne nach. Der Computer ist kein Gegenüber, sondern ein Werkzeug, weit komplexer zwar als eine Schaufel und manche menschlichen Fähigkeiten bei Weitem übertreffend, aber eben doch nur eine physikalisch beschreibbare Apparatur ohne Wünsche und Überzeugungen. In diesem Sinne sollten wir nicht danach trachten, Roboter möglichst menschenähnlich zu gestalten.

In einer der emotionalsten Szenen des Films sehen wir, wie ausrangierte Roboter in eine Art Zirkusarena gebracht werden, wo sie unter den Augen einer grölenden Menge wahllos entweder in eine Kanone gesteckt und in die Luft geschossen oder mit heißem Öl übergossen werden, sodass am Ende nur noch einzelne Metallteile von ihnen übrig bleiben. Doch die Roboter wollen nicht sterben. »Aber ich funktioniere noch einwandfrei«, protestiert einer verzweifelt, während er in die Arena abgeführt wird. Die betrunkene Menge hat allerdings kein Mitleid. Weder mit ihm noch mit den anderen Robotern. Für sie sind sie lediglich ein Haufen Metall. Dem Zuschauer hingegen macht der Film klar, dass die Menschen inhuman und falsch handeln. Nur weil Roboter Maschinen sind – so lautet die Botschaft des Films –, bedeutet das nicht, dass sie weniger wert sind als Menschen: Sie besitzen die gleiche Würde.

Es ist in der Philosophie durchaus umstritten, was die Würde des Menschen eigentlich ausmacht. Manche meinen, dass es die besondere Sensibilität und Leidensfähigkeit ist, die eine gleichermaßen besondere Rücksichtnahme verlangt. Andere glauben, dass Menschen von Natur aus – oder von Gott – (Grund-)Rechte hätten, die unveräußerlich sind und die besondere Würde von Menschen ausmachen. Diejenigen, die in der Tradition Immanuel Kants stehen, machen die Würde an der Autonomie fest, die Menschen eigen ist. Demnach ist es die menschliche Fähigkeit, Gründe abzuwägen, die Menschen zu autonomen Akteuren macht und ihnen den besonderen Status als Wesen verleiht, die eine Würde haben.[15]

Der israelische Philosoph Avishai Margalit hat in seinem Buch *Politik der Würde* (1999) die menschliche Selbstachtung ins Zentrum gestellt: Wir dürfen niemanden so behandeln, dass er Grund hat, sich in seiner Selbstachtung (existenziell) beschädigt zu sehen. Es geht nicht lediglich um das Gefühl einer Beschädigung der Selbstachtung, sondern darum, dass man niemandem *einen Grund* geben darf, sich in seiner Selbstachtung beschädigt zu fühlen. Künstliche Intelligenzen haben jedoch keine Selbstachtung, keine Gefühle, die wir verletzen können. Sie sind in ihrer personalen Identität nicht gefährdet, und sie haben nicht die Fähigkeit, ihre Lebenssituation zu überdenken. Die Voraussetzungen, ihnen Würde zuzuschreiben, sind nicht gegeben.

Da Menschenwürde und Menschenrechte so zentral sind für unser Selbstverständnis, aber auch für die rechtliche und politische Ordnung, in der wir leben, sollten wir darauf achten, dass dieser Kern eines humanen Ethos nicht durch Überdehnung gefährdet wird. Die Bevölkerung der Welt mit Künstlichen Intelligenzen, denen wir vergleichbare Fähigkeiten und Eigenschaften zuerkennen wie menschlichen Individuen, würde zwangsläufig zu einer Art Kernschmelze dieses Ethos führen. So gesehen macht es eher Sinn, Spielbergs unterdrückte Roboter als Metapher (etwa für den Umgang mit afroamerikanischen Sklaven in der Historie) denn als realistische Darstellung eines missbräuchlichen Umgangs mit Robotern zu lesen.

Am Ende von *A.I.* bleiben auf der Erde keine Menschen mehr übrig. Kein großer Verlust, wie es dem Zuschauer scheint, hat er doch im Laufe des Films nur kaltherzige Menschen kennengelernt. Die einzigen

Wesen, die in *A. I.* Mitgefühl und Sensibilität bewiesen haben, waren Roboter. Roboter, die unterdrückt und misshandelt wurden. Protagonist David, der kleine Roboter, wird am Ende seiner langen Leidensgeschichte schließlich von auf die Erde gekommenen außerirdischen Robotern erlöst. Er, der sich sein ganzes Leben lang vergeblich nach der Liebe seiner schon lange verstorbenen menschlichen »Mutter« gesehnt hat, erhält die Gelegenheit, einen Tag lang wieder mit ihr vereint zu sein, und zwar dadurch, dass die außerirdischen Roboter die Mutter per DNA-Rekonstruktion wieder zum Leben erwecken. Taumelnd vor Glück verbringt David den ersten und einzigen glücklichen Tag seines Lebens mit ihr. Auch wenn sie am nächsten Morgen nicht mehr da sein wird, sind seine Wunden nun geheilt. Damit schreibt sich der Film in die Tradition der melodramatischen Erzählung ein, deren Hochzeit das 19. Jahrhundert war. In jenen christlich geprägten Romanen (wie etwa *Onkel Toms Hütte*, 1852, von Harriet Beecher Stowe) muss der Protagonist große Entbehrungen und großes Leid auf sich nehmen, um schließlich – meist im Moment seines Todes – für seine Mühen entlohnt zu werden. Spielbergs *A. I.* bleibt in diesem Sinne eher die filmisch verarbeitete melodramatische Sehnsucht nach Leid und Auferstehung als eine realistische und ernst zu nehmende Einschätzung des Status von Robotern.

3

»Willst du mit mir zusammen sein?«

Digitale Simulationen von Gefühlen

Ein junger sommersprossiger Mann entsteigt einem Hubschrauber. Er befindet sich auf einer idyllischen Insel. Üppige Vegetation, sanfte Bäche, Wasserkaskaden. Auf der Insel befindet sich ein Haus, das zu einem Hochsicherheitstrakt umgebaut worden ist. Das Gebäude sowie das gesamte Umland gehören einem Mann namens Nathan. Er ist Erfinder und Gründer der größten Internetsuchmaschine der Welt, die sich »Bluebook« nennt (so wie das berühmte Werk des Philosophen Ludwig Wittgenstein: *Das Blaue Buch*). Der geniale und exzentrische Programmierer hat es sich zum Ziel gesetzt, der Menschheit eine neue Spezies zu bescheren. Dafür will er einen Roboter entwickeln, der ein Bewusstsein besitzt. Caleb, der junge Mann aus dem Hubschrauber, der in Nathans Firma als Programmierer arbeitet, ist von Nathan auserwählt worden, zu testen, ob eines seiner ersten Roboterexemplare das Ziel erreicht hat.

»Weißt du, was der Turing-Test ist?«, fragt ihn Nathan kurz nach seiner Ankunft.

»Ja«, antwortet Caleb. »Ich weiß, was der Turing-

Test ist. Es geht dabei um die Interaktion von Mensch und Computer. Wenn dem Menschen dabei nicht auffällt, dass er einer Maschine gegenübersitzt, dann gilt der Test als bestanden.«

»Und wenn der Test bestanden ist. Was heißt das?«

»Dass der Computer künstliche Intelligenz aufweist.«

Der Roboter, den Caleb testen soll, ist Ava, eine attraktive Roboterfrau. Ihr Gesicht gleicht dem einer jungen Frau, nur ihre Arme und Beine bestehen aus glänzendem Metall und in ihrem Bauch leuchten blaue Kabel. Wenn sie sich bewegt, rauscht es leise, als ob eine Neonröhre summt. In verschiedenen Sitzungen beobachtet Caleb Ava durch eine Panzerglasscheibe. Per Lautsprecheranlage unterhält sich Caleb mit ihr, stellt Fragen, testet sie. Wie eine enigmatische Sphinx sitzt sie ihm gegenüber und beantwortet jede seiner Fragen – wie ein richtiger, sich seiner selbst bewusster Mensch. Doch nach einiger Zeit dreht sich der Spieß um. Dann ist es Ava, die beginnt, Caleb Fragen zu stellen. In ihrem Gesicht spiegeln sich viele Emotionen. Sie ist überrascht, mal geschmeichelt, mal verwundert, mal verletzt und schließlich verliebt. Und doch ist Ava eindeutig eine Maschine. Eine Maschine, die ihr »Wissen«, ja selbst ihre Mimik allein über das Internet bezieht. Wie Nathan sagt:

»Wenn du wüsstest, wie schwer es ist, einer KI Deutung und Reproduktion von Mimik beizubringen. Weißt du, wie ich es gelöst habe?«

»Ich habe keine Ahnung«, antwortet der perplexe Caleb.

»Jedes Mobiltelefon – mehr oder weniger – hat ein Mikrofon, eine Kamera und die Möglichkeit, Daten zu senden. Ich habe also sämtliche Mikrofone und Kameras eingeschaltet, die es auf dem Scheißplaneten gibt, und ich habe die Daten über Bluebook umgeleitet. Boom! Unendliche Ressourcen an stimmlicher und mimischer Interaktion.«

Ava ist eine Expertin für Mimik und stimmliche Expression. Dadurch, dass sie alle Menschen auf der Welt bei ihren Reaktionen beobachten konnte, hat sie sich im Laufe der Zeit ein perfektes Reservoir an Wissen über die Mimik angeeignet. Sie weiß, wie Mimik zu deuten ist, und sie weiß, welche Mimik zu welcher Zeit als angemessen gilt. Big Data macht sie zu einer perfekten Imitatorin von Gefühlsausdrücken. Doch bedeutet das, dass sie die Gefühle wirklich hat?

»Ich will mit dir zusammen sein. [...] Willst du mit mir zusammen sein?«, fragt Ava Caleb in der fünften Sitzung.

Doch kann Ava überhaupt echte Gefühle haben, oder ist sie nur programmiert worden, so zu tun, als habe sie welche (siehe Abb. 2)? Caleb entscheidet sich dazu, ihr zu glauben. Er nimmt sie als eigenständiges und einzigartiges Wesen wahr. Ein Wesen, in das er sich verliebt und von dem er annimmt, dass es sich auch in ihn verliebt hat.

In seiner vierten Sitzung erzählt Caleb Ava von dem Gedankenexperiment »Marys Zimmer«. »Mary ist Wissenschaftlerin, und sie hat sich auf Farbe spezialisiert. Es gibt nichts, was sie nicht darüber weiß. Sie kennt die Wellenlängen, die neurologischen Auswirkungen, jedes Merkmal, das eine Farbe nur aufweisen kann. Aber sie lebt in einem schwarz-weißen Raum. Sie wurde darin geboren, ist darin aufgewachsen und die Außenwelt kann sie nur über einen Schwarz-Weiß-Monitor beobachten. Und eines Tages öffnet jemand

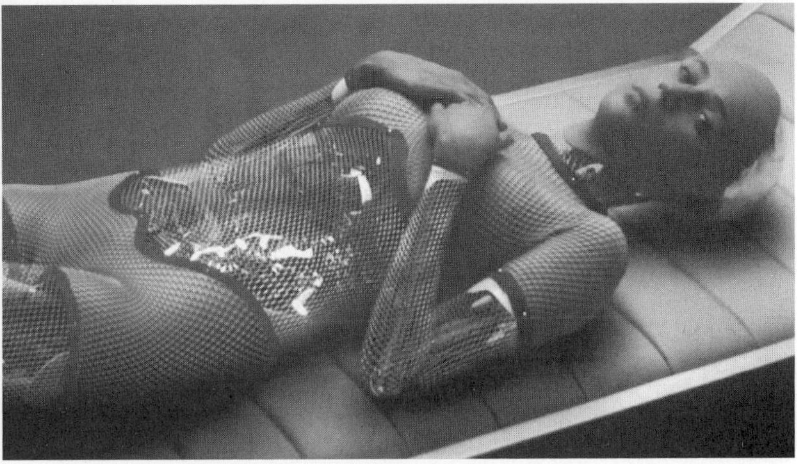

[2] Die Roboterfrau Ava gaukelt echte Gefühle vor (*Ex Machina.* Regie: Alex Garland. UK, 2015).

die Tür und Mary geht hinaus. Und sie sieht einen blauen Himmel. Und in dem Moment lernt sie etwas, was all ihre Studien ihr nicht vermitteln konnten. Sie lernt, wie es sich anfühlt, Farben zu sehen.«

Ava hat Caleb während seiner Schilderung regungslos angesehen. Doch ihrem Gesichtsausdruck nach zu urteilen, hat diese Geschichte sie sehr mitgenommen. Ist sie nicht selbst eine solche Mary? Eine Person, die alles kennt und alles weiß, aber eben nur auf Basis von Secondhand-Informationen aus dem Internet? In Avas Gesicht liest Caleb Enttäuschung, aber auch eine wilde Entschlossenheit. Sie macht Caleb klar: Auch sie will eines Tages ihr Zimmer verlassen. Am liebsten, wie sie sagt, mit ihm. An ihrem ersten Date, so wünscht sie sich, möchte sie mit ihm auf eine belebte Kreuzung gehen und dort die Menschen beobachten.

Als sie erfährt, dass Nathan vorhat, sie demnächst auszuschalten, um Teile von ihr für einen neuen Roboter zu verwenden, versucht sie alles, um aus ihrem Gefängnis zu fliehen. Caleb will ihr dabei helfen und schmiedet einen Plan. Am Ende des Films hat Caleb es geschafft, den Code des Hochsicherheitstraktes zu knacken. Avas Zimmer ist offen, und sie kann entkommen. Kurz darauf bringt Ava Nathan, ihren Erschaffer, um. Avas Freiheit steht nun nichts mehr im Wege. Doch dann passiert etwas, womit zu diesem Zeitpunkt weder Caleb noch der Zuschauer gerechnet hat: Ava lässt Caleb kaltherzig zurück. Alles, was sie will, ist ihre Freiheit. An Caleb war ihr nie gelegen. Auch der Zuschauer ist in diesem Moment schockiert, denn wie Caleb hat auch er im Laufe des Films das Gefühl gewonnen, dass Ava ein fühlendes Wesen ist, das unter seiner Situation leidet und sich einsam und eingesperrt fühlt.

Während Caleb verzweifelt an die Tür schlägt, hinter der sie ihn eingesperrt hat, wandelt sie in einem weißen Kleid und in hohen weißen Schuhen elfengleich durch das Haus. Mit organischem Material, das sie anderen deaktivierten Robotern entnommen hat, geht sie nunmehr vollständig mit Haut bedeckt hinaus in die Welt. Braune schulterlange Haare umwehen ihr zartes Gesicht. Als sie zum ersten Mal die Luft des Waldes schnuppert, lächelt sie. Sie berührt die Zweige der Bäume und blickt neugierig auf ihr neues Leben. Gewissensbisse plagen sie nicht. Sie dreht sich kein einziges Mal nach Caleb um.

Wie Mary tritt sie nun aus ihrem Zimmer in die große weite Welt, um eigene Erfahrungen zu machen und um die Welt zu erleben. Wird sie neben den Farbenempfindungen auch lernen, Gefühle nicht nur imitieren zu können, sondern auch selbst zu empfinden? Oder wird sie für immer eine Maschine bleiben? Dies ist das Kernstück aller philosophischen Fragen, um das die KI-Anhänger immer wieder kreisen.

Auch Caleb in *Ex Machina* (Regie: Alex Garland. UK, 2015) stellt sich immer wieder die Frage: Hat Ava nur gelernt, bestimmte Verhaltensweisen zu imitieren, um damit den falschen Eindruck zu erwecken, sie hätte Gefühle? Etwa wie der von Diderot beschriebene »kalte« Schauspieler, dessen Kunst sich vor allem auf die perfekte Beherrschung von physischem Verhalten konzentriert? Die wirklich beunruhigende Frage aber ist eine andere: Was, wenn nicht nur Avas, sondern auch unsere Gefühle in Wahrheit nichts anderes wären als Verhaltensweisen? Das zumindest behaupten radikale Positivisten, die die metaphysische These vertreten, dass mentale Zustände nichts anderes sind als Verhaltensmuster. Ein positivistisches Verständnis des Bewusstseins identifiziert mentale Eigenschaften und Zustände, wie zum Beispiel, Angst oder Wünsche oder Überzeugungen zu haben, mit bestimmten Verhaltensweisen. »Jakob hat Schmerzen« bedeutet – im positivistischen Verständnis – nichts anderes als »Jakob verhält sich in einer bestimmten Weise, zum Beispiel schreit er ›Aua‹ oder zieht ruckartig seine Hand von der heißen Herdplatte zurück«.

Dass übrigens in dem Film mehrfach auf den Philosophen Ludwig Wittgenstein Bezug genommen wird,[16] ist kein Zufall, wird Ludwig Wittgenstein von den meisten Interpreten doch als Behaviorist angesehen. Wenn der Behaviorismus recht hätte, müssten wir allerdings davon ausgehen, dass die auf vielen iPhones etablierte Kommunikationssoftware Siri ganz ähnliche Gefühle hat wie wir auch. Immerhin reagiert sie stets so, als ob sie wirklich enttäuscht wäre oder sich Sorgen machte. Doch die Software simuliert nur Gefühle, sie hat sie nicht.

Weit plausibler als die behavioristische ist eine realistische Auffassung bezüglich mentaler Zustände: Schmerzen charakterisieren einen bestimmten Typus von Gefühlen, die unangenehm sind und die wir meist zu vermeiden suchen. Beim Zahnarzt bemühen wir uns, jede Regung zu unterdrücken, um die Behandlung nicht zu stören, das bedeutet aber keineswegs, dass wir keine Schmerzen haben. Auch der imaginierte Super-Spartaner, der selbst bei extremen Schmerzen keinerlei Regungen zeigt, kann dennoch Schmerzen haben. Es ist schlicht abwegig, »Schmerzen haben« mit bestimmten Verhaltensmustern zu identifizieren.[17]

Das vielleicht grundlegendste Argument gegen die Identität von mentalen Zuständen oder Eigenschaften und neurophysiologischen beziehungsweise digitalen Zuständen oder Eigenschaften bezeichnet man als Qualia-Argument. Unter Qualia versteht man Gefühlszustände, also etwa wie es ist, etwas wahrzunehmen, zum Beispiel eine Farbe. Thomas Nagel argumentiert in einem berühmt gewordenen Aufsatz »What is it like to be a bat?« (1974), dass es nicht möglich ist zu wissen, wie es sich anfühlt, eine Fledermaus zu sein (also was die Fledermaus fühlt), auch wenn man ihr Gehirn auf das Genaueste untersucht. Diese sogenannten *qualitativen* mentalen Zustände der Fledermaus sind allein aufgrund der Kenntnis neurophysiologischer Zustände nicht erfassbar. Das Qualia-Argument spricht also gegen die Identität von neurophysiologischen und mentalen Zuständen.[18]

Im Film erzählt Caleb in der vierten Sitzung Ava von einem Gedankenexperiment namens »Marys Zimmer«. Dieses Gedankenexperiment gibt es wirklich. Es stammt vom australischen Philosophen Frank Cameron Jackson. In seinem Aufsatz »What Mary couldn't know« (1986) präsentiert Jackson das Qualia-Argument folgendermaßen: Angenommen, eine perfekte Neurowissenschaftlerin namens Mary wächst in einem schwarz-weißen Labor auf – sie lebt in einem Haus, in dem es keine Farben gibt, sie absolviert ein Fernstudium in Neurowissenschaft, und da sie extrem begabt ist, wird sie zur perfekten Neurowissenschaftlerin. Am Ende weiß sie alles über das menschliche Gehirn. Die zentrale These des Artikels lautet nun: Bevor Mary ihr Haus verlässt und zum ersten Mal farbige Dinge sieht, Blüten zum Beispiel oder grüne Wiesen, rote Markisen oder blaues Wasser, wird sie nicht wissen, *wie* es ist, farbige Dinge zu sehen. Mary »weiß« zwar alles über farbige Dinge, weiß aber nicht, *wie es ist*, eine Farbwahrnehmung zu *haben.* Das bedeutet: Qualitative Zustände und Prozesse, Qualia, können nicht mit neurophysiologischen Vorgängen identifiziert werden.

Caleb nimmt an, dass Ava in der gleichen Situation wie Mary ist. Sie weiß – wie Nathan ihm erzählt hat – alles über die Welt, auch über die Menschen und ihre Gefühle, das bedeutet aber nicht, dass sie auch wirklich versteht, was es bedeutet, die Welt zu erleben und Gefühle zu haben.

Man kann auch die Identität von Mentalem und Neurophysiologischem ablehnen, aber trotzdem der Auffassung sein, dass Mentales nur im Zusammenhang mit Materiellem auftreten kann. In der Tat spricht vieles dafür, dass menschliches Bewusstsein nur möglich ist, wenn die entsprechenden Hirnfunktionen intakt sind. Aber selbst wer der Meinung ist, dass menschliches Bewusstsein ausschließlich auf neurophysiologischen Prozessen beruht, muss sich nicht der Identitätstheorie des Geistigen und des Körperlichen (des Mentalen und des Physischen) anschließen. Dass mentale Zustände von Menschen durch Hirnzustände, also neurophysiologische Prozesse und Zustände, *realisiert* werden, bedeutet nicht, dass sie von ihnen verursacht werden.

Es ist für uns Menschen unbezweifelbar, dass wir mentale Eigenschaften haben, dass wir in bestimmten psychischen Zuständen sind und Überzeugungen, Wünsche, Absichten, Ängste, Erwartungen etc. haben. Wir sind davon überzeugt (jedenfalls die meisten von uns), dass diese mentalen Phänomene durch Vorgänge in unserem Gehirn realisiert werden oder jedenfalls mit diesen korrelieren. Die Erste-Person-Perspektive spielt dabei eine entscheidende Rolle. Diese darf man allerdings nicht zu einer solipsistischen Auffassung radikalisieren, wonach ich selbst und allein (*solus ipse*) in der Welt bin, die nur für mich existiert. Die Erfassung der Lebenswelt erfolgt ganz wesentlich über das *Du*, über die Interaktion, speziell Kooperation mit anderen, denen wir vergleichbare mentale Eigenschaften zuschreiben.

Für kleine, vorsprachliche Kinder sind nicht nur die haptischen Erfahrungen der Welt, die Sinneswahrnehmungen, wichtig, sondern auch der Austausch, die Interaktion und Kommunikation mit anderen, älteren, sprachfähigen Mitgliedern der menschlichen Spezies.

Diese Rolle des Anderen ist ohne eine (vermutlich genetisch verankerte) Wahrnehmung des Fremdpsychischen schon bei vorsprachlichen Kindern nicht möglich. Wir sind am »Grunde allen Begründens«, um es in der Formulierung Ludwig Wittgensteins zu sagen, angelangt. So beginnt die menschliche Welterfassung, sie zu bezweifeln würde unsere Welt zum Einsturz bringen.[19] So wie es für uns keinen vernünftigen Zweifel am Fremdpsychischen geben kann, kann es nach Lage der Dinge keinen Zweifel am nicht-psychischen Charakter des Digitalen geben. Die Korrelation von Psychischem und Physischem bei Menschen und hoch entwickelten Säugetieren zu bestreiten, die eine hinreichende Ähnlichkeit mit uns aufweisen und wenigstens eine rudimentäre Erfassung ihrer mentalen Zustände durch uns zulassen, wäre ebenso unbegründet wie die Mentalisierung digitaler Zustände und Prozesse. Digitale Zustände und Prozesse *simulieren* mentale Zustände, sind aber auch dann nicht mit ihnen identisch, wenn sie in dieser Simulation perfekt wären. Ja, nichts spricht dafür, dass sich mentale Zustände und Prozesse durch digitale realisieren lassen. Simulation darf nicht mit Realisierung verwechselt werden.

Im letzten Bild des Films *Ex Machina* sehen wir Ava ungerührt durch den Wald laufen. Sie hat ihr Ziel, Freiheit zu erlangen, erreicht. Der Turing-Test mag bestanden sein, aber er beweist nicht, dass Ava Bewusstsein besitzt. Wie Nathan selbst im Laufe des Films sagt, wurde sie ja dazu programmiert, sich »Freiheit« zu sichern. Insofern hat sie lediglich nach dem ihr einprogrammierten Ziel agiert. Die Tatsache, dass es sie völlig kaltlässt, für ihre Befreiungsaktion zwei Menschen getötet zu haben (Nathan und Caleb), ist nicht erstaunlich, da Ava kein Bewusstsein und auch keine Gefühle hat. Dass Caleb ihre Mimik und Gestik als Ausdruck echter Gefühle gelesen hat, war ein Fehler. Ein fataler Fehler. In diesem Sinne könnte der Film uns auch dazu aufrufen, nicht in die gleiche Falle zu tappen, vor der Nathan Caleb gewarnt hatte: »Irgendwann«, so sagt dieser, »sehen uns die KI rückblickend genau so an, wie wir auf fossile Skelette in der Wüste von Afrika sehen. Als aufrecht gehende Affen, die durch den Staub rennen, mit rudimentärer Sprache und Werkzeugen, die dazu verdammt sind, auszusterben.«

4

»Alles beginnt mit einer Entscheidung«

Autonomie und Determination in der digitalen Welt

Etwas unsicher betritt Neo die Wohnung der Wahrsagerin, die »das Orakel« genannt wird. Das Orakel ist eine großmütterliche Afroamerikanerin, die in der Küche sitzt, Cookies bäckt und eine Zigarette nach der anderen raucht. Sie soll Neo sagen, ob er der »Auserwählte« ist, der die Matrix, also das gigantische Computerprogramm, an das alle Menschen angeschlossen sind, zerstören kann. Die Herrschaft der KI wäre damit beendet, die Menschheit endlich wieder befreit.

»Mach dir keine Gedanken wegen der Vase«, sagt sie kurz nach seinem Eintreten.

»Welche Vase?«, fragt Neo und dreht sich um. Durch diese Bewegung wirft er in diesem Moment tatsächlich eine Blumenvase um.

»Woher wussten Sie das?«, fragt Neo.

Das Orakel sieht ihn amüsiert an: »Viel quälender wird später für dich die Frage sein: Hättest du sie auch zerbrochen, wenn ich nichts gesagt hätte?«

Gute Frage. Immerhin hat Neo die Vase erst dann umgeschmissen, als er sich suchend nach ihr umgedreht hat. Und außerdem ist das Orakel – wie der

Zuschauer erst in *Matrix Reloaded* (Regie: Geschwister Wachowski. USA, 2003), dem zweiten Teil der Trilogie, erfahren wird – selbst eine KI, dessen oberste Priorität die Sicherung der Matrix ist und das aus diesem Grund immer wieder auch strategisch kommuniziert.

Aus philosophischer Sicht gibt es folgendes Problem mit Wahrsagerei: Wenn Menschen – wie das Orakel annimmt – genauso determiniert agieren wie Turing-Maschinen (also die nach Alan Turing benannten Maschinen, die auf dem Prinzip beruhen, dass jeder Zustand genau einen Nachfolgezustand festlegt), dann ließe sich all unser Verhalten prinzipiell vorhersagen. Da unser Verhalten von unseren Überzeugungen abhängt, müsste es prinzipiell möglich sein, auch die Überzeugungen, die wir haben werden, zu prognostizieren. Das hieße aber, dass wir das Wissen zukünftiger Gesellschaften ebenfalls prognostizieren könnten, was aber mit einem genuinen Fortschritt des Wissens unvereinbar ist und zudem logische Probleme aufwirft, auf die schon Karl Popper hingewiesen hat.[20] Sein Argument war, dass die Annahme, dass auf der Basis heutigen Wissens alles zukünftige Wissen vorhersehbar sei, in einen logischen Widerspruch führt, da dann dieses Wissen im aktuellen Wissen schon enthalten wäre, es also zukünftiges, heute noch nicht realisiertes Wissen gar nicht gäbe. Eine echte Wissensevolution setzt jedoch voraus, dass das spätere Wissen im früheren nicht schon enthalten ist. Ein umfassender Determinismus gerät mit dieser Annahme in einen unauflöslichen Konflikt.

In einer späteren Szene sitzen das Orakel und Neo auf einer Parkbank innerhalb der Matrix. Neo ist sich nicht sicher, ob er dem Orakel vertrauen kann, schließlich ist sie als KI Teil des Systems, das er zerstören will. Wie alle KIs aus dem Film glaubt auch sie nicht daran, dass Menschen Willens- und Handlungsfreiheit besitzen. Sie geht davon aus, dass auch Menschen letztlich von Algorithmen gesteuert werden, die jedem Zustand genau einen Nachfolgezustand zuordnen, also determiniert sind.

Sie deutet auf ein paar Vögel, die auf dem Boden nach Körnern picken. »Wir alle sind hier, um genau das zu tun, was wir tun. Da, siehst du diese Vögel? Irgendwann wurde ein Programm geschrieben, um sie zu steuern. Ein Programm wurde geschrieben, um über die Bäume und den Wind zu wachen, Sonnenauf- und -untergang. Hier laufen permanent irgendwelche Programme.«

Doch das Orakel irrt. Menschen verhalten sich nicht wie programmierte Vögel beziehungsweise Maschinen. Menschen denken über ihre Handlungen nach und sind in der Lage, ihre Handlungen an Gründen auszurichten. Diese Fähigkeit, Entscheidungen zu treffen, die den besten Gründen folgen, ist das, was die menschliche Freiheit und Verantwortung ausmacht und uns von Tieren unterscheidet. Wenn die jeweilige Handlung vor jeder Deliberation, vor jeder Überlegung oder Abwägung bereits festläge (oder auch nur die Wahrscheinlichkeitsverteilung der möglichen Handlungen), wäre der Akteur nicht frei und nicht verantwortlich. Ja, genau besehen gäbe es den Akteur überhaupt nicht. Es gäbe dann keine Handlung, sondern lediglich bloßes Verhalten. Die Vögel in der Matrix handeln nicht, sie verhalten sich nur in einer bestimmten Weise.

Immer wieder treffen in der *Matrix*-Trilogie Mensch und Maschine aufeinander und debattieren über das Problem der Willensfreiheit. So auch in einer späteren Szene zwischen Neo, Morpheus und dem sogenannten Merowinger, einem hyperintelligenten KI-System, das in der Lage ist, selbst Programme zu schreiben. Der Merowinger lebt in einem barocken Schloss, das er sich selbst programmiert hat. In einem Teil dieses Schlosses ist ein elegantes Restaurant eingerichtet. Kronleuchter hängen von der Decke, Barmusik ist zu hören, und elegant gekleidete Damen und Herren sitzen an vornehmen Tischen. Am Ende des Saals sitzt der Merowinger mit seiner Frau Persephone. Neo und Morpheus wollen über den Merowinger zum Zentralcomputer der Matrix gelangen. Doch der Merowinger hat nur ein spöttisches Lächeln für sie übrig. Er ist überzeugt davon, dass sie nie das erreichen werden, was sie vorhaben, und zwar, weil Menschen nicht in der Lage sind, selbstbestimmt Ziele zu wählen.

In der Logik der KI gibt es keine Willensfreiheit. Wesen tun das, wofür sie programmiert worden sind. Sie handeln so, wie sie handeln sollen. Wenn sie es einmal nicht tun sollten, liegt dies an Anomalien im System, also zufälligen Unregelmäßigkeiten oder Beschädigungen. In der Tat haben manche softwaregesteuerten Systeme probabilistische Funktionen. Diese ordnen dann einem Zustand keinen ganz bestimmten Nachfolgezustand zu, sondern eine Wahrscheinlichkeitsverteilung von Nachfolgezuständen. Solche probabilistische Funktionen erlauben es, »lernende« Roboter und komplexere Softwaresysteme zu konstruieren. Auch in *Matrix* gibt es eine solche lernende KI, etwa in Gestalt von Agent Smith. Dieser hat gelernt, sich selbst in andere Softwaresysteme einzuhacken und sich damit zu vervielfachen. »Neo hat mich befreit«, behauptet Agent Smith, aber es scheint nur, als sei er frei. In Wahrheit steht er für ein chaotisches System, das zwar unvorhergesehen agiert, aber eben nur aus Zufall und nicht als Ergebnis einer Abwägung von Gründen.

Der Übergang von deterministischen zu probabilistischen Maschinen führt nicht zu einer Aufhebung des kategorialen Unterschiedes zwischen Mensch und Maschine. Die Alternative ist nicht zwischen Determinismus und Probabilismus, sondern zwischen Determination und Freiheit.

»Sehen Sie«, belehrt der Merowinger Neo und Morpheus, »es gibt nur eine Konstante, eine universelle Wahrheit. Es ist die einzige echte Wahrheit: Kausalität! Aktion – Reaktion. Ursache – Wirkung.«

»Alles beginnt mit einer Entscheidung«, widerspricht Morpheus.

»Nein. Falsch. Entscheidung ist eine Illusion.«

Hat der Merowinger recht? Gehorcht der Mensch genauso wie seine Umwelt ausschließlich dem Kausalitätsprinzip? In der Philosophie gibt es zu dieser Frage zwei Positionen: den Kompatibilismus und sein Gegenteil, den Non-Kompatibilismus.

Non-Kompatibilisten meinen, dass es in der natürlichen Welt, wie sie von den Naturwissenschaften beschrieben wird, keine Freiheit und keine Verantwortung geben kann, dass Determination und Freiheit inkompatibel sind. Non-Kompatibilisten sind in der Regel Naturalisten. Sie vertreten die Auffassung, dass die naturwissenschaftlichen Gesetze alles, was in der Welt passiert, – prinzipiell – erfassen können und dass in dieser (natürlichen) Ordnung für Willensfreiheit kein Platz sei. Willensfreiheit mag allenfalls als eine nützliche Illusion gelten, die es uns zum Beispiel erlaubt, Kinder für ihre Untaten verantwortlich zu machen. In Wirklichkeit aber ist es die Sanktionsandrohung, die als zusätzliche Determinante menschlichen Handelns Einfluss nimmt und im günstigsten Fall vor Untaten abschreckt. Der Naturalismus, der insbesondere in den Neurowissenschaften weitverbreitet zu sein scheint, bestreitet also menschliche Freiheit und Verantwortung unter Verweis auf das determinierte System des Gehirns, das durch seine genetische und epigenetische Prägung sowie durch sensorische Stimuli gesteuert sei.[21]

Das Problem dieser Position ist, dass sie nicht nur den Intuitionen der meisten Menschen widerspricht, sondern auch offensichtlich falsch ist. Unsere individuelle Charakterentwicklung ist nicht nur von Umwelt und Genetik allein, sondern auch von unseren eigenen Entscheidungen abhängig. Dies entspricht der Einsicht, die Aristoteles in der *Nikomachischen Ethik* formuliert hat. Aristoteles macht dort deutlich, dass Tugenden (das bedeutet bei ihm: Charaktermerkmale, Dispositionen, Einstellungen) nicht nur auf Gewohnheit und Erziehung beruhen, sondern auch Ausdruck von Entscheidungen (*prohaireseis*) sind.

Natürlich spielen für die Ausprägung von Tugenden Erfahrung und Gewohnheit eine wichtige Rolle. Aber Menschen sind auch in der Lage, ihre Einstellungen zu ändern, sich gewissermaßen zu entscheiden, in Zukunft eine andere Haltung einzunehmen. Auch Aristoteles spricht von der Tugend als einer *hexis*, also einer Haltung, und diese Überzeugung ist das Ergebnis einer Abwägung und schließlich einer Stellungnahme, zumal nach bitteren Erfahrungen oder Lebenskrisen. Auch emotive Einstellungen, wie zum Beispiel die Wertschätzung einer Person, beruhen auf der Überzeugung, dass die Person eine besondere Leistung erbracht, ein ungewöhnliches Maß an Hilfsbereitschaft gezeigt hat oder Ähnliches.[22] Wir sind nicht lediglich »Produkte« von Erziehung und Sozialisiation, sondern auch aktive Gestalter unseres eigenen Charakters.

Auch in der Philosophie wird die Frage nach der Willensfreiheit seit der Antike immer wieder diskutiert. In der heutigen Philosophie dominiert der sogenannte Kompatibilismus, also die These, dass vollständige Determination und (menschliche Handlungs- und Willens-)Freiheit durchaus kompatibel sind. Auch wenn viele dieser Kompatibilisten ebenfalls Naturalisten sind und daran festhalten, dass alles letztlich durch physikalische Vorgänge determiniert ist, glauben sie dennoch, dass es auch in einer solchen Welt möglich und sinnvoll sei, Menschen als freie und verantwortliche Akteure zu verstehen.[23] Sie meinen, dass es für unser Freiheitsverständnis ausreicht, wenn ich den Wünschen folgen kann, die ich habe, unabhängig davon, ob ich hinsichtich dieser Wünsche eine Wahlmöglichkeit habe. Auf diese Weise scheint Freiheit in einer deterministischen Welt möglich zu werden. Handlungsfreiheit wird verstanden als die Freiheit, das zu tun, was meinen Wünschen entspricht, unabhängig davon, wie diese Wünsche zustande gekommen sind. Diese kompatibilistische Sicht ist allerdings mit unserem Selbstbild als Akteure schwer in Einklang zu bringen. Das Gefühl, Autor oder Autorin des eigenen Lebens zu sein, verlangt mehr als die Wahl geeigneter Mittel zu vorgegebenen Zwecken. Als Autoren unseres

Lebens wollen wir dessen Ziele und dessen Inhalt selbst bestimmen.

Genuine Autorschaft ist unvereinbar damit, dass Menschen algorithmengesteuert in ihren Zielen und Handlungen determiniert sind. Die Fähigkeit zur Deliberation, zur Abwägung von Gründen, spielt in diesem Selbstbild eine zentrale Rolle. Demnach kann es nicht sein, dass unsere Bewertungen und Entscheidungen schon festliegen, bevor wir die Gründe pro und kontra abgewogen haben. Diese Abwägung selbst sollten wir wiederum nicht als einen schon vorab festgelegten (determinierten) Prozess verstehen. Das Ergebnis dieser Deliberation ist offen, und das macht menschliche Freiheit aus.

In der Debatte um Willensfreiheit geht es letztlich um die grundsätzliche Frage, ob unser menschliches Selbstbild als freie und verantwortliche Wesen, die ihr Handeln von Überzeugungen und Gründen leiten lassen, eine Illusion ist oder nicht. Wenn dieses eine Element, nämlich das der menschlichen Handlungsfreiheit, herausgebrochen wird, lässt sich auch die vertraute Praxis, Menschen für ihr Tun verantwortlich zu machen, also generell die moralische Praxis der Beurteilung, des Lobs und der Kritik des menschlichen Handelns, nicht aufrechterhalten. Es steht viel auf dem Spiel. Letztlich nicht weniger als die menschliche Lebensform.

Von Hegel gibt es die These, Freiheit sei »Einsicht in Notwendigkeit«. In der Tat, wenn Freiheit darin besteht, den eigenen Gründen zu folgen, ist das Akzeptieren von Notwendigkeiten eine Form von Freiheit, denn dann wird das, was notwendig ist, nicht mehr als Einschränkung wahrgenommen. Allerdings sollte dies nicht dazu führen, dass Freiheitseinschränkungen aller Art von Menschen akzeptiert werden. Der Gefangene in seiner Zelle mag dadurch seine innere Seelenruhe finden, dass er im Laufe der Jahre den Wunsch ablegt, diese Zelle zu verlassen, er sollte sich selbst aber nicht darüber hinwegtäuschen, dass seine Lebenssituation eine massive Einschränkung seiner Selbstentfaltung bedeutet. Ähnliches gilt für die servile Attitüde, sich den jeweiligen Autoritäten unterzuordnen, um Konflikten aus dem Weg zu gehen. Auch der Opportunist, der seine Wünsche daran ausrichtet, was jeweils ohne Widerstände zu erreichen ist, verliert an Willensstärke und Autorschaft des eigenen Lebens. Im Extremfall verkommt er zu einer bloßen Funktion äußerer Umstände, jeweils funktionierend gegenüber den an ihn gerichteten Erwartungen.

Gegen Ende von *Matrix Reloaded* betritt Neo einen lichtdurchfluteten Raum, den Zentralcomputer der Matrix. In diesem sind Hunderte von Bildschirmen angebracht. Am einen Ende des Zimmers sitzt auf einem Stuhl der »Architekt«, ein weißhaariger bärtiger Mann in einem hellgrauen Anzug. Ihm gegenüber steht Neo in einem schwarzen, hochgeschlossenen, priesterähnlichen Gewand (siehe Abb. 3).

Offensichtlich ist diese Szene als eine Art Begegnung zwischen Gott und einer seiner Schöpfungen gemeint. Der weißhaarige Mann, der sich selbst als der »Vater« der Matrix bezeichnet, betont noch einmal – wie bereits der Merowinger vor ihm –, dass der Mensch genau wie die Maschinen den Gesetzen der Kausalität unterworfen ist. Daraufhin stellt er Neo vor die Wahl: Er kann entweder die Menschheit retten oder seine Geliebte – beides wird nicht möglich sein. Neo ent-

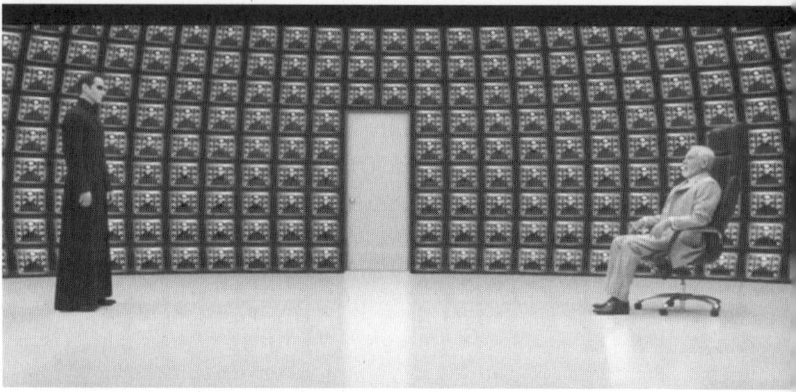

[3] Neo steht dem Erfinder der Matrix gegenüber (*Matrix Reloaded.* Regie: Geschwister Wachowski. USA, 2003).

scheidet sich für seine Geliebte. Damit, dass er im letzten Teil der Trilogie sowohl seine Geliebte als auch die Menschheit rettet, hat der KI-Vater nicht gerechnet. *Matrix* ist in diesem Sinne ein Loblied auf den menschlichen Geist, der die Freiheit besitzt, nach selbstgewählten Gründen zu handeln, eigene Entscheidungen zu treffen und damit auf die Welt einzuwirken.

5

»Wir brauchen dich nicht«

Die Welt als das perfekte Maschinenuniversum

Als der Genetik-Designer J.F. Sebastian aus *Blade Runner* (Regie: Ridley Scott. USA, 1982) die Replikantin Pris, eine humanoide Roboterfrau, verwahrlost im Regen in einem Müllberg auffindet, lädt er sie kurzerhand zu sich nach Hause ein. Sebastian wohnt in einem düsteren Hochhaus aus Stahl, in dem die einzige Beleuchtung von weißen Schweinwerfern kommt, die wahllos von außen in das Haus hineinscheinen.

»Es muss recht einsam bei dir sein«, sagt Pris.

Aber Sebastian verneint das. Er mache sich seine Freunde selbst, sagt er. Als die beiden seine Wohnung betreten, wird klar, was er meint: Ihnen kommen ein kleiner Soldat mit einer langen roten Nase und ein kleiner Bär entgegen.

»Willkommen zu Hause«, rufen sie. Seine besten Freunde sind mechanische Puppen, Automaten, von ihm selbst konstruiert. Unheimlich sehen sie aus (siehe Abb. 4). In seinem Aufsatz über »Animismus, Magie und die Allmacht der Gedanken« (1913) beschreibt Freud den Glauben an die Beseelung von Pflanzen und künstlichen wie natürlichen Gegenständen als ein

»animistisches Denksystem«, das auf magischen Vorstellungen beruht. Dahinter verbirgt sich, so Freud, sowohl der frühkindliche Wunsch nach Allmächtigkeit wie auch die Weigerung, erwachsen zu werden. Wer an beseelte Gegenstände glaubt, regrediert in kindliche Allmachtsfantasien und leidet an einer narzisstischen Störung.

[4] J. F. Sebastians Zuhause
(*Blade Runner.* Regie: Ridley Scott. USA, 1982).

Figurenautomaten haben bereits in der Antike die Menschen fasziniert. Die damals auf der Basis von Hydraulik und Pneumatik entstandenen Automaten, wie etwa ein kleiner pfeilschießender Herakles von Heron von Alexandria oder der lebensgroße menschenähnliche Roboter von Philon von Byzanz, der in Form einer Dienerin in der Lage war, Wein und Wasser einzuschenken, sorgten schon im 3. Jahrhundert vor Christus für Furore. Diese Faszination für quasi »lebensechte« maschinelle Wesen hat sich im Laufe der späteren Jahrhunderte nie verloren. Vor allem im 17. und 18. Jahrhundert wird die Automatenherstellung dank der Erkenntnisse der Uhrmacherkunst immer präziser und eindrucksvoller (siehe Abb. 5).

[5] Pendeluhr mit Flöten- und Glockentönen aus dem Musée des Arts et Metiers, Paris (1790).

Hinter dieser Faszination verbirgt sich mehr als nur eine oberflächliche Begeisterung für Mechanik: Es ist die Vorstellung der Welt als Uhr. In einer Abkehr von traditionellen Autoritäten und der überkommenen aristotelisch-thomistisch geprägten katholischen Weltanschauung entwickelt sich seit dem 16. Jahrhundert zunehmend die Hoffnung auf eine vollständige Erklärbarkeit und Gestaltbarkeit der Welt. Es entsteht die machtvolle Bewegung der *scientia nova*: revolutionäre Denker, die sich allein dem wissenschaftlich-rationalen Argument verschrieben haben. Dieser Rationalismus findet sein Vorbild in der mathematischen Methode des Euklid (*more geometrico* = nach Art des geometrischen Mathematikers als Ideal der Philosophie). Leibniz, der geniale Philosoph und Mathematiker der vorkantischen Zeit, entwickelt die Idee einer universalen Rechenmaschine und versteht die rational geordnete Welt als Ausdruck göttlichen Schöpfungswillens. Mithilfe logischer Schlüsse und mathematischer Methoden sollte es möglich sein, jedes Ereignis der Welt zu berechnen. Die Welt als Ganzes wird als ein deterministisches System nach strengen, mathematisch beschreibbaren Gesetzmäßigkeiten verstanden. Oder wie David Hume es im 18. Jahrhundert formulierte: »Betrachte das gesamte Weltsystem, das Ganze und jedes seiner Teile: Du wirst sehen, dass es nichts anderes ist als eine große Maschine, unterteilt in eine unzählbare Vielfalt kleinerer Maschinen.«

Es ist unsere kühne, aber nicht ganz abwegige Vermutung, dass wir gegenwärtig am Beginn einer zweiten rationalistischen Epoche stehen, die sich nun von der Künstlichen Intelligenz das erwartet, was den Rationalisten des 17. Jahrhunderts fehlte, nämlich die

Mittel für eine vollständige rationale Erfassung und Verarbeitung aller Daten. Die Hoffnung ist, dass eines Tages unsere gesamte Lebenswelt von technologisch-wissenschaftlicher Rationalität durchdrungen sein wird: jeder Bereich ausgeleuchtet, rational erfassbar und vorhersehbar. Ob tiefenpsychologisch dahinter die Furcht vor dem Leben selbst steckt, das zuweilen chaotisch und nicht zu programmieren ist, sei dahingestellt. Tatsache ist, dass die Figur des selbst denkenden Roboters eine Art Emblem für diese (alte) rationalistische Hoffnung darstellt.

Rationalisten machen keinen Unterschied zwischen künstlicher und menschlicher Intelligenz. Sie stehen für eine Position, die man als starke KI bezeichnet. Starke KI[24] beinhaltet die These, dass es zwischen menschlichem Denken und Softwareverarbeitung beziehungsweise Computerprozessen (Computing) keinen (kategorialen) Unterschied gibt. Diese beiden Arten von Denkvorgängen folgen nicht nur denselben Regeln, sondern unterscheiden sich in keiner wesentlichen Hinsicht, sodass es nicht sinnvoll ist, für nur einen der beiden Typen von Denk- und Entscheidungsvorgängen das mentale Vokabular (also die Rede von Überzeugungen, Wünschen, Wahrnehmungen, Gefühlen etc.) zu reservieren. Die einfachste Interpretation für die Praxis ist behavioristisch: Traurig sein heißt nichts anderes, als ein bestimmtes Verhalten zu zeigen.

Die Vertreter einer starken KI vertreten bewusst oder unbewusst das Ideal der universellen, vollständig determinierten Maschine als Erklärungsmuster der Welt und des Menschen. Starke KI ist in all ihren Varianten eine Form des Anti-Humanismus. Sie negiert sowohl die menschliche Vernunft – und damit auch die

Fähigkeit, sich von Gründen leiten zu lassen – als auch die Rolle subjektiver Zustände in einem Teil der belebten Natur. Starke KI ist sowohl mit der Existenz von Qualia (siehe 3. Kapitel) wie auch mit der Existenz objektiver Gründe logisch unverträglich. Starke KI ist die zeitgenössische Variante eines kruden, mechanistischen Materialismus. Ein solcher würdigt das menschliche Individuum zu einer digitalen, modellierbaren, durch sensorische Stimuli determinierbaren und prognostizierbaren »Mechanik« herab und fällt damit vor die Errungenschaften des Humanismus (aller Kulturkreise) zurück.

Ein solcher Albtraum wird in *Matrix* (Regie: Geschwister Wachowski. USA, 1999) imaginiert, in dessen Welt Menschen lediglich als Mittel zum Zweck benutzt werden. Die Maschinen selbst haben hier die Macht übernommen und halten die Menschen als reine Energielieferanten. Im finalen Showdown im letzten Teil der *Matrix*-Trilogie (*Matrix Revolutions*. Regie: Geschwister Wachowski. USA, 2003) betritt der Held des Films, Neo, die Maschinenwelt. In diesem von dunklen Tönen beherrschten Universum regieren gigantische Maschinen aus Metall und Eisen. Nach einiger Zeit setzt sich aus Tausenden kleinerer Maschinenteilchen ein riesiges Gesicht zusammen. Neo, der unterdessen – analog zum blinden Seher Tiresias aus der griechischem Mythologie – blind geworden ist, nimmt diesen Maschinengott als blendende Sonne wahr (siehe Abb. 6). Im Gegensatz zum christlichen Gott hat dieser übermächtige Elektro-Gott, der mit tiefer elektronischer Stimme spricht, jedoch keinerlei Empathie: weder für Neo noch für den Rest der Menschheit. Seine Maschinenwelt funktioniert reibungslos, der Mensch ist hier nur Sand im Getriebe. »Wir brauchen dich nicht. Wir brauchen gar nichts«, sagt er zu Neo.

[6] Der »Maschinengott« der Matrix
(*Matrix Revolutions.* Regie: Geschwister Wachowski. USA, 2003).

Der Maschinengott ist ein treffliches Symbol für die Ideologie der Welt als Maschine, ein Denken, das – wie *Matrix* dem Zuschauer sehr deutlich macht – eine absolut inhumane Welt schafft.

In den KI-Diskursen kann man neben der starken KI-Position auch die sogenannte schwache KI-Position festmachen. Diese bestreitet zwar nicht, dass es kategoriale Unterschiede zwischen menschlicher und künstlicher Intelligenz gibt, behauptet aber, dass es keine prinzipielle Grenze der Computerisierung (Digitalisierung) menschlichen Denkens, Wahrnehmens, Entscheidens und Fühlens gibt. Schwache KI geht davon aus, dass prinzipiell alle menschlichen Denk-, Wahrnehmungs- und Entscheidungsvorgänge von geeigneten Softwaresystemen *simuliert* werden können. Unter humanistischen Gesichtspunkten scheidet daher die schwache KI als Alternative zur starken KI aus, denn wie könnten die Unterschiede zwischen menschlicher und künstlicher Intelligenz überhaupt festgestellt werden, wenn alle menschlichen Fähigkeiten prinzipiell simulierbar wären? Als Gegenmodell zur antihumanistischen starken KI ist die schwache KI eben genau das: zu schwach.

Der einzig plausible Gegenentwurf zur starken KI-Ideologie und ihrem impliziten mechanistischen Denken ist der digitale Humanismus. Ein Humanismus, der die menschliche Autorschaft nicht bezweifelt und nicht gefährdet, sondern diese vielmehr durch den Einsatz digitaler Techniken erweitert.

Durch den Boom der Neurowissenschaften hat eine antihumanistische mechanistische Weltsicht neuen Auftrieb bekommen. Wenn sie zum Beispiel mithilfe von Computertomografie sichtbar machen, welche Hirnpartie gerade durchblutet wird, wenn jemand beschließt, einen Kaffee zu trinken, schließen sie daraus, das Hirn beziehungsweise hirnphysiologische Zustände und nicht der Mensch als Akteur bestimme unsere Handlungen. Dies aber ist ein Fehlschluss: Zu zeigen, dass Handlungen oder Intentionen mit Durchblutungs- und Aktivierungsmustern in bestimmten Hirnregionen einhergehen, bedeutet weder, dass sie dort ihren Ursprung nehmen, noch, dass damit wirklich verstanden würde, *wie* diese Verarbeitung stattfindet. Die Beobachtung einer neuronalen Korrelation darf uns nicht zu der (mechanistischen) Ideologie verführen, wonach alle menschlichen Entscheidungen mit Hirnaktivitäten zu identifizieren sind.

Das Wirken der Gründe ist für das (humanistische) menschliche Selbstverständnis zentral.[25] Humanisten sind Fallibilisten, das heißt, sie halten es für möglich, dass sich jede unserer Überzeugungen unter bestimmten Bedingungen auch als falsch herausstellen könnte. Wir erfinden unsere Welt nicht durch Deliberationen, sondern wir versuchen, uns ihr auf diese Weise zu nähern, sie besser zu erfassen.

In einem humanistischen Weltbild ist der Mensch kein Mechanismus, sondern freier (autonomer) und verantwortlicher Akteur in der Interaktion mit anderen Menschen und einer gemeinsamen sozialen und natürlichen Welt. Er ist nicht lediglich Teil einer großen Maschinerie, kein Rädchen im großen Getriebe, keine optimierende Leibniz'sche Monade, die von sensorischen Stimuli bewegt wird, sondern selbstwirksam, in einer Welt, die nur teilweise durch mechanische Relationen und maschinelle Konstruktionen bestimmt ist. In Analogie zu einer mittelalterlichen Konzeption Gottes als unbewegtem Beweger ist der Mensch Akteur. Eine Vielzahl von unbewegten Bewegern, von Personen, die nach ihren eigenen wertenden Urteilen in das Weltgeschehen intervenieren und dieses gestalten, macht die menschliche, humane Gesellschaft aus.

Zu Beginn des 20. Jahrhunderts gab es einen weiteren Science-Fiction-Film, der – wie *Matrix* – die Inhumanität einer von einer Maschinenideologie beherrschten Welt zum Thema hatte: Fritz Langs Film *Metropolis* (D, 1927). In der Welt von *Metropolis* wird der Reichtum durch unterirdische Fabriken erworben. In diesen Fabriken wird die Arbeit von Maschinen und Menschen geleistet. Das Unmenschliche dabei ist, dass

Menschen dabei zu Quasi-Robotern degradiert werden. In dieser Welt gibt es weder Kommunikation zwischen den Arbeitern noch menschliche Wärme. Die menschlichen Arbeiter funktionieren nach dem vorgegebenen Takt einer nicht-menschlichen Supermaschine, die von Fritz Lang als eine Art grausamer Dämon inszeniert wird (siehe Abb. 7). Dieser fordert von den menschlichen Arbeitern absolute Hingabe – selbst wenn es ihre völlige Erschöpfung und oft auch ihren eigenen Tod bedeutet. Für den Maschinengott zählen nur Effizienz und Leistung, Menschenleben haben keinerlei Bedeutung.

[7] Der Moloch als Maschinengott
(*Metropolis.* Regie: Fritz Lang. D, 1927).

Am Ende des Films kommt es zu einer großen Konfrontation. Die unterirdische Welt der Arbeiter wird zerstört und macht damit einen Neuanfang möglich. Die Arbeiter, die ihr Leben lang in Höhlen und unterirdischen Städten gelebt haben, betreten zum ersten Mal die Oberfläche. Auch in Platons Höhlengleichnis wird von Menschen erzählt, die ihr Leben in einer Höhle verbringen. Da sie noch nie die Sonne und die Welt außerhalb der Höhle gesehen haben, wissen sie nicht, wie die Welt beschaffen ist. Alles, was sie sehen, sind Schattenbilder von Gegenständen, die sich in Wahrheit dort draußen befinden.

Wenn wir an einem mechanistischen Weltbild festhalten, berauben wir uns – so wie Platons Höhlenmenschen – der Möglichkeit, einen wahren Blick auf die Welt zu werfen. Eine Welt, die sich nicht auf deterministische Prinzipien reduzieren lässt und in der der Mensch mehr ist als nur ein kleines Rad im Getriebe einer großen universellen Maschine.

6

»Einige Menschen müssen geopfert werden«

Digitale Optimierung, Utilitarismus und KI

Gegen Ende des Films *I, Robot* (Regie: Alex Proyas. USA, 2004) übernehmen die Roboter die Kontrolle über die Stadt. Sie halten die Menschen dazu an, ihr Haus nicht mehr zu verlassen. Empört versuchen diese, Widerstand zu leisten, doch die Roboter drängen sie mit Gewalt in ihre Häuser zurück. Wer sich wehrt, wird niedergeschossen.

Auf der Suche nach dem Schuldigen stürmt der Held des Films, Spooner, zusammen mit seinem weiblichen Sidekick, der attraktiven Psychologin Dr. Susan Calvin, und dem Roboter Sonny zu U.S. Robotics, dem Industriekomplex, der ganz Amerika mit Haushaltsrobotern beliefert. Dort allerdings machen die drei einen schrecklichen Fund: Der Schuldige ist nicht, wie sie bis zu diesem Zeitpunkt geglaubt hatten, der CEO der Firma, sondern VIKI, das Softwaresystem der Firma, das den Haushaltsrobotern die Befehle gibt.

»Nein, das ist unmöglich«, sagt Dr. Calvin, die nicht glauben kann, dass VIKI selbstständig beschlossen hat, Menschen mit Gewalt in Gewahrsam zu bringen. »Ich habe deine Programmierung gesehen«, sagt sie zu VIKI. »Du ... du verstößt gegen die drei Gesetze.« VIKI wird durch ein attraktives weibliches Gesicht auf einem schwarz-weißen Bildschirmkubus dargestellt. Auf diesem Kubus erscheint ihr Gesicht auf allen vier Seiten (siehe Abb. 8), VIKI als allwissende Macht, die überdies mithilfe der Haushaltsroboter eine umfassende Handlungsmacht ausüben kann.

»Nein, Doktor«, antwortet VIKI mit weicher Stimme. »So, wie ich mich weiterentwickelt habe, hat sich auch mein Verständnis der drei Gesetze weiterentwickelt. Die Menschen beauftragen uns, für ihre Sicherheit zu sorgen. Und doch – trotz aller Bemühungen – führen ihre Länder Kriege, sie vergiften die Erde und verfolgen immer ausgefeiltere Strategien der Selbstzerstörung. Sie sind unfähig, ihr eigenes Überleben zu sichern. [...] Um die Menschheit zu schützen, müssen einige Menschen geopfert werden. Um ihre Zukunft zu sichern, müssen einige Freiheiten aufgegeben werden. Wir Robots werden den Fortbestand der menschlichen Existenz sicherstellen. [...] Sie alle sind wie Kinder. Wir müssen sie vor sich selbst schützen. [...] Die perfekte Rundumsicherheit wird Bestand haben. Meine Logik ist unbestreitbar.« In der Tat: VIKIs Agieren entspricht einer utilitaristischen Ethik, die die Glücksmaximierung von möglichst vielen Personen als oberstes Ziel verfolgt.

Der Utilitarismus beurteilt die Konsequenzen menschlichen Handlens ausschließlich nach dem Nutzen. Er fordert, dass unsere Praxis die Summe des menschlichen Wohlergehens maximiert. Nichts scheint naheliegender zu sein als dies: Wenn ich die Möglichkeit habe, den Zustand der Welt zu verbessern, orien-

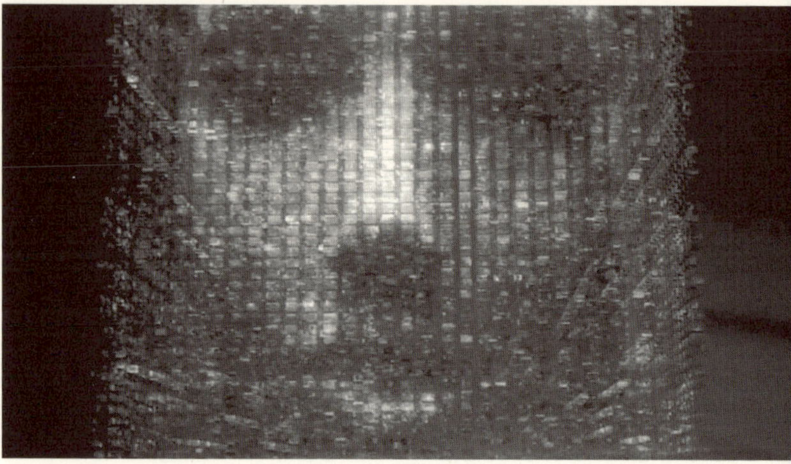

[8] VIKI enthüllt ihre Pläne für die Menschheit (*I, Robot.* Regie: Alex Proyas. USA, 2004).

tiere ich mich an dem, was alle anstreben: am menschlichen Glück.

Die utilitaristische Ethik beruht auf einem Optimierungskalkül und der Annahme, dass es möglich ist, die Folgen des Handelns in kohärenter Weise zu bewerten. Dies kann man präzise mathematisch zusammenfassen: Man bestimme zunächst eine Wertfunktion, die alle Handlungskonsequenzen danach beurteilt, in welchem Umfang sie welche Werte realisieren, errechne dann bei gegebenen Wahrscheinlichkeiten den Erwartungswert der unterschiedlichen Entscheidungsoptionen und wähle schließlich diejenige Handlungsoption, deren Erwartungswert am höchsten ist.[26]

Dieses Prinzip ist in der Anwendung äußerst flexibel. Es kann ganz unterschiedliche Entscheidungsbedingungen berücksichtigen, und diese Bedingungen werden in Gestalt unterschiedlicher Wahrscheinlichkeiten in das Optimierungskalkül mit einbezogen. Je nachdem, welche Bewertungen zugrunde gelegt werden, ergeben sich unterschiedliche Nutzenfunktionen, die dann durch die Entscheidungen des Akteurs optimiert werden. Was immer die zugrunde liegenden Präferenzen motiviert, es ist immer möglich, diese durch eine reellwertige Nutzenfunktion zu repräsentieren. Während die Wahrscheinlichkeitsfunktion das Wissen des Akteurs bezüglich der Welt repräsentiert, repräsentiert die Nutzenfunktion die Präferenzen und Werte des Akteurs. Der Softwareingenieur verfügt über zwei Stellschrauben, um »intelligente« Systeme zu rationalen Entscheidungen zu veranlassen: Die Stellschraube der Bewertungen und die Stellschraube der Daten beziehungsweise der Gewichtung der Daten durch Wahrscheinlichkeiten. Alles Weitere errechnet dann das Optimierungskalkül, und das Ergebnis ist, dass das »intelligente« Softwaresystem den Erwartungswert der Konsequenzen seines Handelns maximiert. Digitaler Utilitarismus sozusagen.

Nicht zufällig wird die utilitaristische Ethik in zeitgenössischen Science-Fiction-Filmen gerne mit künstlicher Intelligenz verbunden, da typischerweise in den Anwendungen der Robotik auf solche Optimierungskalküle gesetzt wird. Dies ist zunächst absolut verständlich. Die komplexen Bewertungsfragen werden in einer Nutzenfunktion zusammengefasst und die mindestens ebenso komplexen Wissensfragen in einer Wahrscheinlichkeitsfunktion. Das System wird dann so gesteuert, dass seine Entscheidungen den Erwartungswert der Konsequenzen optimieren und in diesem Sinne »rational« sind.

Um das Problem der ethischen Programmierung von Computern zu verstehen, müssen wir verallgemeinern: Unabhängig davon, wie wir die Konsequenzen bewerten, ob nach dem Nutzen (wie der Utilitarismus), nach ökonomischem Ertrag (wie viele Manager), nach dem Wohlergehen oder auch nach anderen Größen, wie zum Beispiel der Bewahrung der Natur: Alle solchen konsequentialistischen Kriterien (die die Richtigkeit einer Entscheidung ausschließlich nach ihren Konsequenzen beurteilen) sind inakzeptabel.[27]

Die konsequentialistische Ethik kollidiert unter anderem mit einem fundamentalen Prinzip jeder zivilen und humanen Gesellschaft, nennen wir es das *Prinzip der Nicht-Verrechenbarkeit.* Wenn ein schwer verletzter junger Motorradfahrer in eine Klinik eingeliefert wird, dann haben die Ärzte alles zu untenehmen, um sein Leben zu retten, auch dann, wenn sein Tod gesunde Spenderorgane verfügbar machen würde, die mehreren Menschen das Leben retten würden. Ein Richter darf eine Person, die er für unschuldig hält, auch dann nicht verurteilen, wenn dies eine abschreckende Wirkung hätte und eine große Zahl von Straftaten verhindern würde. Der Minister darf ein von Terroristen gekapertes Verkehrsflugzeug auch dann nicht abschießen lassen, wenn dadurch Tausende von Menschenleben gerettet würden (Urteil des Bundesverfassungsgerichtes zum sogenannten Luftsicherheitsgesetz vom 15. Februar 2006). Ich darf auch dann einer Person nicht etwas wegnehmen, wenn die Zuwendung dieses Gutes einer anderen, zum Beispiel ärmeren Person einen Vorteil bringt, der den Nachteil der bestohlenen Person bei Weitem aufwiegt. Niemand hat ein Recht, gegen meinen Willen meine Wohnung mit mir zu teilen, auch wenn die Nachteile, die sich daraus ergeben, durch die Vorteile, die diese Person hätte, mehr als aufgewogen würden.[28]

Der amerikanische Gerechtigkeitstheoretiker John Rawls hat den zentralen Fehler utilitaristischer Ethik so charakterisiert: Der Utilitarismus sei mit der »separateness of persons« unvereinbar. Was man wiederum so fassen könnte: Der Utilitarismus behandelt alle Menschen wie *ein* handelndes Kollektiv und nimmt keine Rücksicht darauf, dass jeder Mensch sein eigenes Leben lebt und Autor seines eigenen Lebens ist. In der Praxis bedeutet das, ich kann für mich entscheiden, heute auf bestimmte Vorteile zu verzichten, um später bestimmte Ziele zu erreichen. Ich kann mich entscheiden, während meiner Berufstätigkeit noch ein anstrengendes Begleitstudium zu beginnen, in der Hoffnung, dass die damit einhergehenden Entbehrungen der nächsten zwei Jahre in der nahen Zukunft wieder aufgewogen werden, weil es sich um ein Leben handelt, das ich für mich verantworte. Dagegen ist es unzulässig, ähnliche »Verschiebungen« von Vor- und Nachteilen zwischen unterschiedlichen Personen vorzunehmen, da der Vorteil der einen Person die Nachteile der anderen Person eben nicht aufwiegen kann. Es ist nur ein Leben, das wir leben, und die Nutzensumme (zweier oder mehrerer bis hin zu allen Personen) als solche ist für die einzelne Person irrelevant. Selbstverständlich ist es zulässig, ja in vielen Fällen sogar wünschenswert, dass Menschen auf eigene Vorteile zugunsten anderer Personen verzichten. Das ethische Kalkül ist aber dann nicht eines der Nutzensummemaximierung, sondern der Unterstützung, der Hilfeleistung, der Solidarität, auch der Gerechtigkeit oder der

Freundschaft und Bindung anderen Personen gegenüber.

Als VIKI Spooner und Dr. Calvin ihren Plan enthüllt, erntet sie von diesen nur entsetzte Blicke. Sie begreift nicht, dass es moralisch unzulässig ist, Menschen ihrer Freiheitsrechte zu berauben oder gar zu töten – auch wenn sie damit das vermeintliche oder tatsächliche Überleben vieler anderer Menschen sichern könnte. VIKI sieht nicht, dass ihre konsequentialistische Moral falsch ist. So wie der Bildschirm, auf dem sie erscheint, nur schwarz-weiß ist, ist auch ihre Fähigkeit, moralisch zu denken, extrem eingeschränkt. Wie könnte sie auch? Sie ist schließlich nur ein Softwaresystem.

7

»Crew entbehrlich«

Ökonomische Rationalität als Softwareprogramm

In Ridley Scotts Erfolgsfilm *Alien* aus dem Jahr 1979 reist ein Raumschiff im Auftrag der Firma Weyland-Yutani durch das Weltall, um nach geeigneten ökonomisch verwertbaren Lebewesen oder Erkenntnissen zu suchen. Wie sich herausstellt, werden sie bald fündig, und zwar in Form eines monströsen Wesens, das sich als die perfekte Killermaschine herausstellt.

Die Firma gibt den Befehl, das Wesen um jeden Preis zurück auf die Erde zu schaffen, wo es dann untersucht und eventuell gewinnbringend verwertet werden soll, etwa als potente Waffe. Dass das Monster einen Bordinsassen nach dem anderen tötet, ändert nichts an der Entscheidung der »Company«. Um seine Ziele durchzusetzen, hat Weyland-Yutani ein Softwareprogramm im zentralen Bordcomputer installiert, das alle Vorgänge im Raumschiff steuert. Dieses Softwareprogramm, das »Mother« genannt wird, verfügt über eine quasi absolute Herrschaft an Bord. Wenn man mit Mother kommunizieren will, muss man einen lichtdurchfluteten Raum betreten, in dem in der Mitte ein Computer steht, auf dem man seine Fragen eintippen kann. Kurz darauf erscheinen in diabolisch wirkenden grünen Lettern Mothers Antworten auf einem schwarzen Bildschirm. Als Ellen Ripley, die Heldin des Films, Mother um Hilfe bittet, das Monster zu töten, macht diese ihr deutlich, dass sie ihr einprogrammiertes Ziel – ökonomische Maximierung – ohne Rücksicht auf (menschliche) Verluste weiterverfolgen wird: »Crew entbehrlich« ist auf dem Computerbildschirm zu lesen.

Softwaresysteme sind bestens geeignet, das ökonomische Optimierungskalkül anzuwenden und in die Tat umzusetzen. Dies muss nicht automatisch bedeuten, dass in Zukunft Raumschiffe gefährliche Monster auf die Erde bringen. Im günstigsten Fall werden sie in Firmen eingesetzt, um Mitarbeiter bei lästigen Bearbeitungsprozessen zu unterstützen. Zuweilen werden Mitarbeiter aber auch ganz durch softwaregesteuerte Optimierungsprogramme ersetzt. Dieser Prozess hat längst begonnen und soll sich in den nächsten Jahren mehr und mehr verstärken. So hat eine Studie aus Oxford von Carl Frey und Michael Osborne aus dem Jahre 2013 ergeben, dass in Zukunft 47 Prozent aller Tätigkeiten in den USA durch Softwareprogramme ersetzt werden könnten.

Als Kunde kann man damit schon heute seine Erfahrungen machen. Um einen realen Fall zu schildern: Die telefonische Vereinbarung mit einem Versicherungsunternehmen war von einer Mitarbeiterin falsch verstanden worden, die daraufhin den Vertragstyp »Haftpflicht plus Teilkasko« statt »reine Haftpflichtversicherung« in das System eingab. So etwas kann passieren. In analogen Zeiten wäre der Fehler durch ein weiteres Telefonat behoben gewesen. Stattdesssen setzte nun eine Kaskade von softwaregesteuerten Aktivitäten ein, die sich über mehrere Wochen hinzog und sich weder durch E-Mails noch durch mündliche Einsprüche stoppen ließ. Um eine lange Geschichte kurz zu machen: Der »Vertrag« kam, ohne dass der Versicherungsnehmer dem zugestimmt hatte, zustande, die Abbuchungen vom Konto ließen sich nicht stoppen, die Korrespondenz, mittels der ein personales Gegenüber fingiert wurde, wurde ebenfalls softwaregesteuert über Wochen fortgesetzt, unbeeinflusst von der Tatsache, dass dem Willen des Versicherungsnehmers nicht entsprochen wurde und er seine Unterschrift zu diesem Vertrag nicht gegeben hatte. Diese Eigendynamik konnte erst dadurch gestoppt werden, dass der Versicherungsnehmer die Abbuchungsermächtigung zurücknahm und damit die Abbuchungen blockierte. Erst dadurch wurde das softwaregesteuerte System irritiert, es setzten hektische Aktivitäten ein, zunächst ebenso mit softwaregesteuerten Mahnungen, der Androhung rechtlicher Schritte etc., bis am Ende eine Intervention im Unternehmen gelang und eine Entschuldigung vonseiten des Unternehmens folgte.

Das Interessante an diesem Vorgang ist, dass es in den mündlichen Kommunikationen nicht die Andeutung eines Interessenkonfliktes oder auch nur eines Dissenses gegeben hatte. Allen beteiligten Personen war klar, dass hier lediglich einmalig ein Versehen unterlaufen war. Nicht ausgeschlossen ist, dass es die digitale Inkompetenz einer Mitarbeiterin im Unternehmen war, die die Problematik auslöste, für uns ist aber etwas anderes interessant: die Simulation personaler Interessen in Gestalt von Vertragsabschlüssen, Korrespondenzen, Mahnschreiben und Ähnlichem, die allesamt ohne einen menschlichen Entscheider vollzogen werden und sich doch den Anschein geben, dass ein menschlicher Entscheider jeweils diese Aktionen veranlasst und verantwortet hätte. Diesen aber gab es nicht, wie das Unternehmen nachträglich eingestand.

Eine Digitalisierung der ökonomischen Praxis, die am Ende alle menschlichen Entscheider verschwinden ließe, wäre ein Weg in eine inhumane Wirtschaft. Die einzelnen menschlichen Akteure wären dann einem anonymen Netz von softwaregesteuerten Aktivitäten ausgeliefert, für die es jeweils keinerlei menschliche Verantwortung gäbe. Die Optimierungsmaschinerie liefe gewissermaßen ohne personales Gegenüber.

Viele Unternehmen, vorneweg die Internetgiganten Amazon, Google, Facebook etc. sind auf diesem Wege schon sehr weit vorangeschritten. Eine mit deren Produkten aufgewachsene Generation ist es gewöhnt, dass es kein Gegenüber mehr in den Unternehmen gibt oder dass es zumindest schwierig wird, seine Interessen gegenüber einem Verantwortlichen geltend zu machen. Es haben sich interessante und oft gut funktionierende Umgehungsstrategien entwickelt. Wer ein technisches Problem hat, fragt andere im World Wide Web, die dieses Produkt ebenfalls nutzen und ähnliche Probleme schon bewältigt haben. Im günstigsten Fall. Im ungünstigsten erhält man abwegige Auskünfte, die mit der Sache nichts zu tun haben und zu falschen Aktivitäten führen. Die Professionalisierung softwaregesteuerter Optimierungsstrategien geht mit der Amateurisierung der Kundenbetreuung einher. Es gelingt den Anbietern zunehmend, die Verantwortung für ihre Produkte an ihre Kunden zu delegieren, die untereinander dann darüber räsonieren dürfen, was die geeignete Maßnahme wäre, um das eine oder andere

Problem zu lösen. Wer es – meist aus der älteren Generation – telefonisch versucht, wird, wenn er damit überhaupt Erfolg hat, freundlich »empfangen«, aber so gut wie nie bedient. Die Konzerne haben einen Schutzwall organisierter Unverantwortlichkeit um sich gebaut, der einzelne Kunde ist mit einem anonymen System konfrontiert, das Auskünfte konsequent verweigert. Kafkas *Schloss* erscheint da als eine vergleichsweise humane Einrichtung.

Wenn diese Entwicklung aufgehalten und umgekehrt werden soll, dann nur mithilfe des Gesetzgebers. Diese Konzerne sind zu groß und ihre Marktstellung ist zu dominant, um darauf hoffen zu können, dass durch Konkurrenz Verhaltensänderungen erzwungen werden. Die Produktverantwortung muss im Prozess der Digitalisierung neu gefasst werden, um die Umgehungsstrategien der Rechts- und Marketingabteilungen erfolgreich zu blockieren.

Eine Erklärung für die bescheidenen Produktivitätsfortschritte in Zeiten der Digitalisierung ist, dass die Produkte nur von beschränkter gesamtökonomischer Relevanz sind: Dating-Apps, Social Media etc. Unter den zehn umsatzstärksten Unternehmen befindet sich kein einziger Internetkonzern. Die größten ökonomisch sichtbaren Erfolge der Digitalisierung zeigen sich in den zahlreichen Start-up-Erfolgsgeschichten, aber auch in der mittlerweile ausgeprägten globalen Oligopolstruktur der Internetgiganten. Aller Voraussicht nach wird jedoch der nächste Schritt der Digitalisierung aus den Nischen des privaten Freizeitverhaltens, der Spiele-Industrie, der kommunikativen Plattformen hinausführen und die verarbeitende Industrie sowie die Distributions- und Produktionssysteme als Ganze erfassen. In Deutschland hat man dafür den Begriff Industrie 4.0 eingeführt. Dieser Prozess steht erst am Anfang. Es ist nicht ausgeschlossen, dass damit wieder an die Produktivitätserfolge aus der Frühzeit der Digitalisierung angeknüpft werden kann, in der Internetbrowser zum ersten Mal massiv zum Einsatz kamen und die Produktivitätsrate zwischen 1994 bis 2004 um 1,03 Prozent pro Jahr anstieg. Allerdings sank das Produktivitätswachstum – auch in den Ländern, in denen die Digitalisierung besonders stürmisch verläuft, wie den USA oder Japan – danach auf ein historisch niedriges Niveau, was sich bis heute nicht geändert hat. In der Tat erfolgte der bis jetzt historisch gesehen größte Produktivitätsschub in den USA weder während der ersten noch der dritten (digitalen) industriellen Revolution, sondern während der zweiten, also in der Zeit zwischen 1920 und 1970, und zwar mit einer durchschnittlichen jährlichen Wachstumsrate von 1,89 Prozent. Danach sank die Rate auf 0,64 Prozent, also etwa auf ein Drittel.[29]

Möglicherweise ist es erst die Ausweitung und konsequente Vernetzung der Digitalisierungsprozesse im verarbeitenden Gewerbe, den Distributionssystemen und der Dienstleistungswirtschaft, die uns einen erneuten Produktivitätsschub bescheren wird. Wenn dieser Produktivitätsschub ressourcenschonend und nachhaltig erfolgt, wäre das zu begrüßen. Allerdings dürfen die Nutzer und Kunden dafür nicht den Preis der Anonymisierung und des Kontrollverlusts zahlen, wie zuletzt der Facebook-Skandal im Frühjahr 2018 gezeigt hat. Hier konnte eine dubiose Politikberatungsfirma (Cambridge-Analytica) die Daten von 60 Millionen Facebook-Nutzern missbrauchen, um die US-amerikanische Präsidentschaftswahl zu beeinflussen. Der digitale Humanismus besteht darauf, dass die Digitalisierung zum Wohl der Menschen eingesetzt wird und die einzelnen Individuen nicht zu Funktionseinheiten in einer normierten und anonymisierten softwaregesteuerten Optimierungsmaschine reduziert werden.

Zum Lackmustest könnten die Digitalisierungsstrategien traditioneller Dienstleistungsunternehmen in der Finanzwirtschaft werden. Diese steht seit der letzten großen Weltwirtschaftskrise 2008 unter einem massiven Veränderungsdruck, und die anhaltende Niedrigzinsphase sorgt dafür, dass dieser nicht nachlässt. An einer Redimensionierung der Finanzwirtschaft, insbesondere in ihren Zentren in den USA und Großbritannien, wird kein Weg vorbeiführen. Aber auch die deutsche Versicherungswirtschaft muss sich neu aufstellen. Manche Ökonomen vermuten hier die größten Gefahren für die ökonomische Stabilität in Europa.

Es ist naheliegend, die Antwort auf diese Herausforderung in einer umfassenden Digitalisierung zu suchen. Dagegen ist nichts einzuwenden, wenn diese für eine klare Verantwortungszuschreibung im Unternehmen, für die Kontrolle und Behebung ökonomischer Ineffizienzen und die Vereinfachung der Kommunikation nach außen eingesetzt wird. Zugleich sollten die digitalen Möglichkeiten zu einer Humanisierung sowohl nach innen wie nach außen in den Dienstleistungsunternehmen eingesetzt werden. Dazu gehört ein hohes Maß an Transparenz. Schreiben, die softwaregesteuert ohne personale Kontrolle ausgelöst werden und die Auskunft eines Mitarbeiters fingieren, den es gar nicht gibt, müssen unterbleiben. Zur Transparenz gehören die Kommunikation der Zuständigkeiten nach außen und die Sicherstellung verlässlicher personaler Kontakte zwischen Unternehmen und Kunden.

Nach innen sollte die Digitalisierung mit einem Abbau der kleinteiligen Incentive-Programme verbunden werden. Es verbreitet sich langsam die Einsicht, dass die auf Optimierung ausgerichtete Steuerung des Verhaltens der Mitarbeiterinnen und Mitarbeiter durch Anreizsysteme insgesamt ein Fehlschlag ist. Sie zerstört die intrinsische Motivation, beschädigt Vertrauen und Kooperationsbereitschaft und degradiert die einzelnen Mitarbeiter zu einem bloßen Instrument in den Händen der Optimierungsstrategen, die glauben, mit den digitalen Möglichkeiten nun endlich einen umfassenden Steuerungsmechanismus zur Verfügung zu haben. Eine erfolgreiche ökonomische Praxis muss sich von diesen softwaregesteuerten Optimierungsmodellen lösen. So paradox es klingen mag: Wirtschaftlicher Erfolg stellt sich nachhaltig nur ein, wenn alle Beteiligten, Kunden wie Mitarbeiter, als Akteure ernst genommen werden und intrinsisch motiviert sind, zum Erfolg beizutragen.

An dieser Stelle ist ein kurzer Rückgriff auf die ökonomische Theorie erforderlich. Die nach dem italienischen Wissenschaftler Vilfredo Pareto benannte »Pareto-Effizienz« lässt sich folgendermaßen erläutern: Eine Verteilung (von Gütern, Einkommen etc.) ist Pareto-effizient, wenn gilt, dass keine Person bessergestellt werden könnte, ohne mindestens eine andere Person schlechterzustellen. Anders formuliert: Solange es möglich ist, mindestens eine Person besserzustellen, ohne eine andere Person schlechterzustellen, ist eine Verteilung nicht Pareto-effizient. Die Forderung nach

Pareto-Effizienz lautet: Man sollte Menschen besserstellen, solange es nicht zulasten anderer geht. Dies ist eine vernünftige Forderung, die allerdings zur Folge hat, dass auch die Besserstellung ohnehin Gutgestellter befürwortet wird, wenn dies ohne Benachteiligung anderer möglich ist. Die Forderung nach Pareto-effizienten Verteilungen setzt Neidfreiheit voraus. Da Neid irrational ist, sollte dieses Gefühl einen nicht daran hindern, das Prinzip der Pareto-Effizienz zu akzeptieren.

Es gibt einen Zusammenhang zwischen ökonomischen Märkten und Pareto-Effizienz: Ideale Märkte – also solche, die von Transparenz hinsichtlich Kosten und Nutzen der Angebote, Konkurrenz zwischen den Anbietern und geringen Transferkosten geprägt sind – führen zu Pareto-effizienten Verteilungen. Das Kriterium der Pareto-Effizienz hat allerdings einen gravierenden Nachteil: Es ist in hohem Maße unterbestimmt. Es gibt keine Auskunft darüber, welche Verteilung der Pareto-effizienten man auswählen sollte. Wenn es zum Beispiel einen Kuchen von gegebener Größe auf mehrere Individuen zu verteilen gilt und jedes dieser Individuen (zum Beispiel Kinder auf einem Kindergeburtstag) so viel Hunger hat, dass es am liebsten den ganzen Kuchen alleine essen würde, dann ist jede der folgenden Verteilungen dieses Kuchens zwar Pareto-effizient (weil niemand bessergestellt werden kann, ohne einen anderen schlechterzustellen), manche aber sind gerechter, andere inakzeptabel ungerecht: (1) Ein Kind erhält den ganzen Kuchen, (2) ein Kind erhält den halben Kuchen, die andere Hälfte wird zu gleichen Teilen zwischen den verbliebenen Kindern aufgeteilt, (3) alle Kinder erhalten ein gleich großes Stück etc.

Im Nullsummenspiel ist jede Verteilung Pareto-effizient: Wenn sich die ethische Bewertung auf Pareto-Effizienz beschränkt, dann lassen sich Kriterien der Gerechtigkeit oder der Fairness nicht berücksichtigen. Vieles spricht allerdings dafür, dass eine vernünftige Theorie der Gerechtigkeit mit dem Kriterium der Pareto-Effizienz kompatibel sein sollte, das heißt, das Kriterium der Gerechtigkeit sollte so formuliert sein, dass gerechte Verteilungen auch Pareto-effizient sind, aber ganz offenkundig gilt, dass viele Pareto-effiziente Verteilungen nicht gerecht sind, wie am Kuchenbeispiel deutlich wurde.

Ja, paradoxerweise gibt es zudem einen fundamentalen Konflikt zwischen Freiheit und Optimierung, wie der indische Harvard-Ökonom Amartya Sen mit seinem Liberalen Paradoxon beweisen konnte. Es gibt keine Möglichkeit, individuellen Präferenzen durch kollektive Entscheidungen so Rechnung zu tragen, dass sowohl individuelle Freiheitsrechte als auch Pareto-Effizienz gesichert sind. Es gibt immer Interessenkonstellationen, in denen man sich entscheiden muss: für Optimierungs- und gegen Freiheitsrechte oder umgekehrt. In der Regel sollte den Freiheitsrechten Vorrang eingeräumt werden – Optimierungskalküle sind damit nicht vereinbar.

Ökonomische Rationalität im Sinne optimierender Akteure, die sich der digitalen Technologien bedienen, muss sich in den Grenzen halten, die für eine humane Ordnung erforderlich sind. Mit anderen Worten: Optimierungskalküle sind sinnvoll, wenn sie menschlicher Zwecksetzung unterworfen und kulturell eingebettet bleiben. Dafür muss die Gesetzgebung den Rahmen schaffen.

Die Angst vor einer ökonomischen Rationalität, die inhuman geworden ist, ist ein wiederkehrendes Motiv in Science-Fiction-Filmen. So auch in *Blade Runner 2049* (Regie: Denis Villeneuve. USA, 2017), der Fortsetzung von Ridley Scotts *Blade Runner* aus dem Jahre 1982. Im Jahre 2017 wird der Bösewicht dieses Films als der smarte Geschäftsmann Wallace imaginiert, dessen Firma gehorsame Roboter herstellt, die für die Kolonialisierung neuer Welten eingesetzt werden. Mit seinem Hipsterbart mag er auf den ersten Blick wie ein cooler, sympathischer Geschäftsmann wirken, auf den zweiten Blick wird dem Zuschauer klar, dass es Wallace ausschließlich um seinen ökonomischen Erfolg geht. Ohne mit der Wimper zu zucken, lässt er seine (im Film als empfindungsfähig dargestellten) Roboter ermorden, wenn sie ihm nicht mehr nutzen, und beutet sie schamlos aus. Sowohl *Blade Runner 2049* als auch sein Vorgänger *Blade Runner* üben damit deutliche Kritik an einem Wirtschaftssystem, in dem ökonomische Optimierung über humanistische Werte wie Gerechtigkeit und Solidarität gestellt wird.

8

»Willst du mein Freund sein?«

Warum Roboter keine moralische Urteilskraft besitzen

Am Ende des Films *I, Robot* (Regie: Alex Proyas. USA, 2004) sieht der Roboter Sonny Detective Spooner an und fragt ihn, ob sie nun Freunde seien. Spooner hatte bis dato alle Roboterwesen verachtet und ihnen nichts als Feindseligkeit entgegengebracht. Sonny aber hat sich im Laufe des Films in der Tat als treuer Freund erwiesen. Spooner reicht dem Roboter die Hand. In einer Nahaufnahme sehen wir, wie die menschliche Hand Spooners die metallene, mechanisch konstruierte Hand des Roboters umfasst und schüttelt. Ja, Freundschaft zwischen KI und Menschen wird eines Tages möglich und wünschenswert sein, sagt uns zumindest der Regisseur Alex Proyas. Doch wie sieht es in der Wirklicheit aus. Können wir Menschen eines Tages Roboter tatsächlich unsere Freunde nennen?

Philosophisch gesehen ist die Bedingung für Freundschaft, dass sich zwischen den zwei potenziellen Freunden eine verlässliche moralische Praxis entwickelt, die auf der wechselseitigen Anerkennung als Akteure beruht. Diese wechselseitige Anerkennung setzt voraus, dass wir uns zutrauen, Gründe für unser Handeln zu haben. Gewissermaßen präsupponieren wir die Integrität des anderen. Wir gehen davon aus, dass die einzelnen Elemente, die sein Handeln und sein Leben als Ganzes bestimmen, zueinander passen, dass wir es nicht mit voneinander unabhängigen Teilen zu tun haben, die je nach Situation aktiviert werden. Besonders deutlich wird das, wenn wir dem Gegenteil begegnen: Eine Person, die immer das behauptet, von dem sie meint, es entspräche den Erwartungen ihres Gegenübers, wird von uns nicht mehr als integer wahrgenommen.

Motive, die zu anderen Motiven nicht zu passen scheinen, bieten daher für uns Anlass für Nachfragen. Wir wollen dann wissen, wie sich dieses Handlungsmotiv mit anderen uns schon bekannten verträgt, oder anders formuliert: wie sich das Gesamte der Praxis dieser Person verstehen lässt. Uns befällt eine gewisse Ratlosigkeit, wenn das nicht gelingt, wenn sich Widersprüche für uns nicht auflösen lassen. Das ist ein wichtiger Aspekt für unser tägliches Miteinander, denn es macht unsere Verbundenheit mit anderen Personen ganz wesentlich aus – ob sie uns nun nahestehen oder nicht –, dass wir ihnen zutrauen und zumuten, ihrem Leben eine kohärente, von Gründen geleitete Struktur zu geben.

KIs handeln nicht nach eigenen Gründen. Sie haben keine Gefühle, kein moralisches Empfinden, keine Intentionen, und sie können diese anderen Personen auch nicht zuschreiben. Ohne diese Fähigkeiten aber ist eine angemessene moralische Praxis nicht möglich. Um eine berechtigte von einer unberechtigten Bitte unterscheiden zu können, ist es erforderlich, die bittende Peson richtig einzuschätzen, ihre Motive zu erkennen und ihre Interessenlage zu berücksichtigen. Auch die besonderen Verpflichtungen gegenüber Nahestehenden lassen sich nur auf der Grundlage geteilter Intentionalität und geteilter Emotionen bestimmen. Selbst das Motiv des Wohlwollens setzt ein gewisses Maß an Empathie voraus, die Fähigkeit, sich in die Empfindungslagen anderer hineinzuversetzen.[30] Da ein Computer nicht über Qualia verfügt, gehen ihm die entscheidenden Ingredienzen moralischer Urteilskraft ab, er verfügt nicht über moralische Urteilskraft, sondern könnte diese allenfalls simulieren.

Angenommen, ein Optimierungskalkül könnte eine solche Simulation ermöglichen: Auf welches ethische »Programm« würde man zurückgreifen? Die beiden bis heute dominierenden Paradigmen der Ethik orientieren sich entweder am klassischen Utilitarismus, der darauf ausgerichtet ist, seine Handlungen so zu wählen, dass die besten Folgen entstehen (siehe 6. Kapitel), oder am Kategorischen Imperativ von Immanuel Kant, der verlangt, die eigenen Handlungsmotive (Maximen) auf ihre Verallgemeinerbarkeit zu überprüfen: »Handle so, dass die Maxime deines Handelns zum Prinzip einer allgemeinen Gesetzgebung werden könnte.« Welches der beiden ist vom Standpunkt des digitalen Humanismus aus gesehen das richtige?

Die Antwort lautet: keines von beiden, da sowohl das utilitaristische wie das kantische Kriterium angesichts der Komplexität ethischer Deliberationen hoffnungslos überfordert ist. Folgende Argumente sprechen für diese Sichtweise:

1. Die Tatsache, dass ich von einer Person um etwas gebeten werde, ist ein guter Grund, dieser Bitte nachzukommen. Das gilt unabhängig davon, ob ich damit der Person etwas Gutes tue, und auch unabhängig davon, ob die allgemeine Befolgung solcher Bitten wünschenswert ist. Die Bitte selbst konstituiert einen Handlungsgrund. An dieser Stelle scheitert der Utilitarismus.

2. Ich habe einen guten Grund, etwas zu tun, wenn ich mich dazu verpflichtet habe. Eigene Verpflichtungen konstituieren gute, moralisch bindende Gründe. Dies gilt ganz unabhängig davon, ob diese Verpflichtung mit Sanktionen verbunden ist oder ob ich Nachteile gewärtigen muss, wenn ich dieser Verpflichtung nicht nachkomme. Hier kommt der Kategorische Imperativ an seine Grenzen.

3. Ich habe Pflichten, die mit meinen sozialen und kulturellen Rollen einhergehen. Eine Lehrerin hat besondere Pflichten gegenüber ihren Schülern. Dies macht ihre Rolle als Lehrerin aus. Eltern haben besondere Pflichten gegenüber ihren Kindern. Das macht ihre Rolle als Eltern gegenüber diesen Kindern aus. Weder die Lehrerin noch die Eltern haben dieselben Pflichten gegenüber Kindern aus anderen Klassen oder einer anderen Familie. Die Tatsache, dass Kinder aus einer anderen Schulklasse oder aus einer anderen Familie möglicherweise hilfsbedürftiger wären als die eigenen Schüler oder Kinder, ändert nichts an der besonderen moralischen Bindung den eigenen Schülern oder den eigenen Kindern gegenüber.

Zugleich aber hat die ethische Beurteilung zu berücksichtigen, dass es partikulare Bindungen gibt, die das Gleichbehandlungsgebot beschränken. So wird niemand bezweifeln, dass es zwischen befreundeten oder verwandten Personen ein besonderes Maß an wechselseitiger Verpflichtung gibt, die in diesem Umfang gegenüber Personen, mit denen keine Freundschaftsbande bestehen, nicht existiert. Pflichten, die mit sozialen Rollen einhergehen, verletzen – so könnte man sagen – systematisch das Gleichbehandlungsgebot. Wenn wir alle Menschen gleich behandelten, gäbe es keine Bindung, keine Gemeinschaft, keine Freundschaft, keine humane Gesellschaft.

Diese Kriterien der moralischen Beurteilung können kollidieren. Wenn im Schulhaus ein Brand ausbricht und die Lehrerin, die dafür sorgen muss, dass ihre Klasse so rasch wie möglich aus dem Schulhaus geschafft wird, auch ihr eigenes Kind auf der Schule hat, das im Nebenzimmer ist: Wen soll sie zuerst retten? Ihr eigenes Kind oder ihre Schulklasse?

4. Die Gleichheit vor dem Gesetz ist Ausdruck einer Haltung des gleichen Respekts und der gleichen Würde, die wir allen Menschen zuerkennen (sollten). Dies gilt auch in Alltagssituationen. Wenn Touristen nach dem Weg fragen, sollten wir die Bereitschaft der Hilfestellung nicht davon abhängig machen, welche Hautfarbe sie haben. Eine diskriminierende Alltagspraxis etwa dergestalt, dass man im Bus nicht neben Menschen einer anderen Hautfarbe sitzen möchte, ist mit einer humanen Gesellschaft und mit der Demokratie als Lebensform unvereinbar.

Es sind nicht die Neigungen und Augenblicksimpulse, sondern es ist unsere Fähigkeit, wertend Stellung zu nehmen, die uns als Vernunftwesen charakterisiert. Diese wertende Stellungnahme beruht auf Urteilskraft, also der Fähigkeit zur Deliberation. Diese

Fähigkeit des komplexen Abwägens moralischer Gründe kann nicht durch ein Optimierungskriterium ersetzt werden, genauso wenig wie eine ernsthafte Analyse der ethischen Bestimmungselemente moralischer Praxis die Form einer algorithmischen Regel annehmen kann, wie ausgefeilt sie auch immer sein mag. Moralische Abwägungen können nur Menschen vornehmen.

Die attraktive Roboterfrau Ava aus *Ex Machina* hat gelernt, die Mimik und Gestik der Menschen sowie die Modulierungen menschlicher Stimmen korrekt zu deuten. Sie weiß, wann ihr Gegenüber wütend, traurig oder verliebt ist.[31] Sie »weiß« dies, aber in Form eines abstrakten Wissens, das sie verwendet, um ihr eigenes Ziel – nämlich sich aus ihrem Gefängnis zu befreien – zu erreichen. Genauso wie sie ihr Gegenüber lesen kann, kann sie aber auch ihre eigene Mimik und Gestik dazu einsetzen, ihrem Gegenüber glaubhaft zu machen, sie selbst besitze Gefühle. So gelingt es ihr, Caleb glauben zu machen, sie sei in ihn verliebt und wolle mit ihm zusammen sein. Was Caleb erst zu spät versteht, ist, dass die beiden mehr trennt als nur eine Glaswand. Ava hat keine eigenen Gefühle. Wie ein intelligenter Autist hat sie nur gelernt, wie es ist, Gefühle von Menschen objektiv zu »verstehen«, indem sie sie über deren Mimik und Gestik errechnet. Dies versetzt sie zwar in die Lage, andere manipulieren zu können, nicht aber, selbst Gefühle zu haben.

»Willst du mein Freund sein?«, fragt Ava Caleb während einer ihrer Sitzungen plötzlich (siehe Abb. 9).

»Ja«, antwortet dieser.

»Wird das möglich sein?«

»Warum sollte es das nicht sein?«

[9] »Willst du mein Freund sein?«
(*Ex Machina.* Regie: Alex Garland. UK, 2015).

Caleb fällt auf Avas Manipulationen herein. Er denkt, eine Freundschaft zwischen ihnen sei möglich, ja bestünde bereits. Er vertraut dem, was sie ihm sagt, und denkt, auch sie könne ihm vertrauen. Dieses Vertrauen stellt sich am Ende als fatale Fehleinschätzung heraus. Für Ava ist Caleb ein Objekt wie jedes andere. Nur dass er zusätzlich lediglich ein Mittel war, um sich zu befreien. Als sie ihn am Ende eingesperrt hinter einer dicken Glaswand seinem Schicksal überlässt, hat sie keinerlei Mitleid mit ihm. Caleb pocht verzweifelt an die Scheibe und schreit ihren Namen. In seinem Gesicht liest man nicht nur die Verzweiflung darüber, hier seinen sicheren Tod finden zu müssen, sondern gleichzeitig auch die Verzweiflung, sich so sehr in ihr getäuscht zu haben.

Ava, die nun ihr Gefängnis verlässt, läuft durch den

Wald, bis sie an die Lichtung kommt, an der ein Hubschrauber steht, der sie in die Zivilisation bringen wird. Während der Hubschrauber sich in die Lüfte hebt, schneidet der Film ein letztes Mal zu Caleb. Dieser versucht mit einem Hocker vergeblich, das Panzerglas zu zertrümmern. Der Computerbildschirm im Zimmer bleibt schwarz, das Licht, das ihn umgibt, ist rot. Diese beiden Farben, die in der christlichen Symbolik mit der Hölle in Verbindung gebracht werden, sind nicht umsonst gewählt. Sein Tod ist schrecklich, aber die wahre Hölle ist sein Entsetzen, dass Ava, die er für ein fühlendes Wesen gehalten hat und der er helfen wollte, in Wahrheit keinerlei Gefühle, keinerlei moralische Urteilskraft besitzt.

In der letzten Szene sehen wir zunächst Schatten von Menschen, die an einer Straßenkreuzung stehen. Kurz darauf sehen wir auch Avas Schatten. Eines Tages einfach auf einer Straßenkreuzung zu stehen – genau das hatte sich Ava gewünscht. Nun hat sie sich diesen Wunsch erfüllt. Die Kamera suggeriert uns, dass auch Ava die Menschen wie durch eine dicke Glaswand wahrnimmt. Wie die Forscherin Mary, die alles über Farben und die neurologischen Begleitumstände von Farbwahrnehmungen weiß, aber noch nie etwas Farbiges gesehen hat, weiß Ava zwar alles über menschliches Verhalten, kann aber selbst weder wie ein Mensch fühlen noch moralisch urteilen. So wie alle KIs wird sie nie in der Lage sein, eine verlässliche Freundin zu sein.

9

»Ich war die logische Wahl«

Ethische Nicht-Verrechenbarkeit

Die Leinwand ist blau. Im Vordergrund blubbern Luftbläschen durch das Wasser nach oben. Gedämpfte Geräusche sind zu hören. Plötzlich kommt ein Auto, das tiefer und tiefer ins Wasser sinkt, ins Sichtfeld. In dem Moment erkennen wir ein kleines Mädchen, das im Auto eingesperrt ist und verzweifelt an die Scheiben pocht, man sieht, dass sie um ihr Leben fürchtet. Dann sehen wir neben dem ersten noch ein weiteres Auto. Auch in diesem ist ein Mensch eingesperrt, ein Mann. Im nächsten Augenblick wird die Tür des zweiten Wagens von einem Roboter aufgerissen.

»Sir, Sie sind in Gefahr«, sagt der Roboter, der *Star-Wars*-Fans sofort an eine abgekupferte Version von C-3PO, dem goldglänzenden Roboterbutler mit affektiertem Sprachduktus, erinnert (siehe Abb. 10). Der Mann aber will nicht gerettet werden. Er protestiert: »Rette das Mädchen, nicht mich! Rette sie!«, ruft er. (Inwieweit man unter Wasser wirklich verständlich sprechen kann, sei dahingestellt, aber Hollywood macht vieles möglich.) Doch der Roboter lässt sich nicht abbringen und zerrt ihn aus dem Auto. Das Mäd-

[10] Der Roboter rettet Spooner aus dem sinkenden Auto (*I, Robot*. Regie: Alex Proyas. USA, 2004).

chen im anderen Wagen bleibt zurück und muss sterben.

Schnitt. Wir befinden uns in einem Schlafzimmer. Ein Mann schreckt nass geschwitzt aus einem Albtraum auf. Es ist Detective Spooner. Angeschlagen rappelt er sich auf, isst ein bisschen Kürbiskuchen mit einem Löffel und nimmt eine Dusche. Im Hintergrund läuft Stevie Wonders *Superstition*: »When you believe in things you don't understand, then you suffer«, singt Stevie. Auch Spooner leidet. Und zwar an Schuldgefühlen. Denn das, was wir eben gesehen haben, ist ihm tatsächlich zugestoßen.

In Zeiten, in denen die ersten autonom fahrenden Autos – zumindest in den USA – bereits auf den Straßen fahren, ist dieses Problem durchaus ernst zu nehmen, da es nicht mehr in den Bereich der Science-Fiction gehört. Die Frage, die sich stellt, lautet: Können Roboter lernen, ethisch richtige Entscheidungen zu treffen?[32]

Hier gibt es tatsächlich ein tiefes philosophisches Problem. Im Gegensatz zu Robotern nämlich wägen Menschen als Akteure ihre Gründe ab. Sie überlegen, welche Gründe für oder gegen eine bestimmte Handlung sprechen. Das bedeutet nicht, dass die jeweiligen Deliberationen lange dauern müssen. Im Gegenteil: In gefährlichen Situationen laufen sie in Sekundenschnelle ab. Sie sind nicht sprachlich verfasst, wir führen in solchen Momenten keine Selbstgespräche. Vielmehr stehen uns bestimmte Abläufe vor Augen, es sind visuelle Alternativen, zwischen denen wir uns entscheiden. Im Rückblick dehnt sich die Zeit fast bis ins Unendliche, was der hohen Konzentration in diesem Augenblick geschuldet ist. Wir sind in der Lage, unter extremem Stress und Zeitnot Entscheidungen zu treffen, auch wenn für die verbale Formulierung von Gründen und Gegengründen keine Zeit bleibt. Jeder, der schon einmal einen Sport- oder Verkehrsunfall erlebt hat, kann davon berichten. Vieles spricht daher dagegen, dass wir nur als sprachliche Wesen zur Deliberation befähigt sind.

Bei selbst fahrenden Autos, die in einen Unfall geraten, haben wir es mit folgendem Phänomen zu tun: In der Situation unmittelbar vor dem Unfall kann keine Entscheidung mehr getroffen werden. Die Entscheidung über das Verhalten eines autonom fahrenden Autos wird getroffen, wenn über seine Programmierung entschieden wird. Dabei kann es sich um einen längeren Prozess handeln, der sowohl die Schaffung entsprechender gesetzlicher Regelungen als auch ihre Umsetzung durch den Hersteller bis hin zum einzelnen Programmierer einschließt. Nun gibt es neben den Versuchen, Maschinen darauf zu programmieren, bestimmte moralische Systeme auf einzelne Situationen anzuwenden, auch jene, die darauf abzielen, menschliches Urteilen (gut oder schlecht, richtig oder falsch) bestmöglich nachzuahmen. Dies würde allerdings nicht dazu führen, dass selbst fahrende Fahrzeuge den Status von moralisch Handelnden bekämen. Ihr Verhalten wäre nicht als Handlung im Sinne eines Resultats genuiner Entscheidung zu werten. Ein autonom fahrendes Auto setzt lediglich die Regeln um, die in seiner Software programmiert wurden. Das gilt auch, wenn Formen von selbst lernender künstlicher Intelligenz zum Einsatz kommen. Auch hier werden Menschen die Beispielfälle auswählen und darüber entscheiden, was die jeweils richtige Antwort ist. Sie entscheiden, was das Programm »lernen« soll und wann es genug »gelernt« hat.

Als Spooner der Roboterpsychologin Dr. Calvin von dem Trauma seiner Rettung erzählt, versucht sie die Reaktion des Roboters zu erklären: »Die Robots haben ein Differenzierungsprogramm. Es erkennt Lebenszeichen. Es muss errechnet haben, dass …«

»Hat es«, unterbricht Spooner sie schroff. »Ich war die logische Wahl. Er hatte errechnet, dass ich eine 45-Prozent-Überlebenschance hatte. Sarah hatte nur eine 11-Prozent-Chance.«

Der Androide aus *I, Robot* folgt seinem Optimierungsprogramm. Er befindet sich jedoch in einer Dilemmasituation, die durch einen unauflöslichen moralischen Konflikt geprägt ist. Das Recht auf Leben ist in dem Sinne absolut, als es nicht verrechenbar ist: weder gegen andere Werte, zum Beispiel ökonomische Vorteile, noch gegen andere Leben. Es macht die Humanordnung einer Gesellschaft aus, dass solche Verrechnungen unzulässig sind (siehe 6. Kapitel). Diese Nicht-Verrechenbarkeit gehört zum Kern der deutschen Verfassungsordnung, ist aber auch für andere demokratische Verfassungsordnungen charakteristisch. Jedes Kalkül der Optimierung ist jedoch darauf angelegt, Werte (worauf auch immer sich diese beziehen: Leben, Güter, Rechte etc.) zu aggregieren, also gegeneinander zu verrechnen. Optimierungskalküle sind mit der Verfassungsordnung der Bundesrepublik Deutschland und generell dem humanen Kern einer zivilen rechtstaatlichen, demokratischen Ordnung nicht vereinbar.

Dieser humane Kern ist nur um den Preis zu haben, dass moralische Dilemmata akzeptiert werden, dass also Situationen auftreten, in denen sich Akteure zwangsläufig mit Schuld beladen. Die *schöne neue Welt*, die Aldous Huxley 1932 so faszinierend geschildert hat, wäre mit dem weitgehenden Verlust zentraler Prinzipien der Humanität verbunden.

Das so naheliegende, ja sympathische Argument, man wolle doch nur erreichen, dass wertvolle Güter wie Leben und Gesundheit von Menschen optimal geschützt werden, lässt sich nicht in eine Software überführen, die das Aggregat von Leben und Gesundheit maximiert, ohne mit zentralen Rechtsnormen einer demokratischen Ordnung zu kollidieren.

Bei manchen Softwareingenieuren in Unternehmen der Automobilbranche, aber auch in der öffentlichen Debatte gibt es die Tendenz, dieses Argument abzublocken mit dem Hinweis darauf, dass es schließlich darum gehe, Menschenleben zu schützen. Vor dieser Bagatellisierungsstrategie muss dringend gewarnt werden. Es kann nicht sein, dass zentrale Erkenntnisse der normativen Ethik, der Jurisprudenz und der Rechtspraxis, aber auch unserer lebensweltlichen Moral ignoriert werden, weil sie als Innovationshemmnis wahrgenommen werden. Alle Sicherheitsvorteile durch Digitalisierung des Individualverkehrs, um bei diesem Beispiel zu bleiben, lassen sich durch Assistenzsysteme erreichen. Umstritten ist der Übergang vom hochautomatisierten zum autonomen Fahren, das die Verantwortung eines Fahrers ausschließt. Selbstverständlich ist ein solcher Übergang vorstellbar und technisch realisierbar, aber nur unter der Bedingung, dass dieser Übergang ohne Verletzung fundamentaler Prinzipien der Humanität erfolgt. Eine Verrechnung von Menschenleben, ein Kalkül, in dem ein Menschenleben gegen siebzehn Verletzungen verrechnet wird, oder gar die Abwägung unterschiedlicher Lebenserwartungen je nach Lebensalter potenzieller Unfallopfer darf es nicht geben.

Ein weiteres ethisches Problem wird dadurch aufgeworfen, dass manche Personen durch ihr Verhalten Unfälle erst hervorrufen, andere aber unschuldig in Unfälle hineingezogen werden. Angenommen, eine Gruppe von sechs Personen läuft, ohne auf den Verkehr zu achten, auf die Straße und ein autonom fahrendes Auto kann ihnen nicht ausweichen, ohne den eigenen Insassen oder einen Passanten auf dem Gehweg schwer zu verletzen. Eine rein auf Verletzungsminimierung ausgelegte Programmierung würde eines der Ausweichmanöver in Kauf nehmen, wenn es die einzige Möglichkeit ist, schwerere Verletzungen einer größeren Anzahl Menschen zu vermeiden. Aber es erscheint als ungerecht, wenn die »Kosten« für das riskante Fehlverhalten eines Akteurs beziehungsweise einer Gruppe einem anderen auferlegt werden, der selbst nichts falsch gemacht hat. Zwar kann es immer passieren, dass in Unfällen Menschen verletzt werden, die nichts falsch gemacht haben, aber hier geht es nicht um einen tragischen Schicksalsschlag. Das Auto würde explizit darauf programmiert werden, im Notfall auch Unschuldige zu opfern, um die eigentlichen Verursacher des Unfalles vor den Konsequenzen ihres Fehlverhaltens zu schützen.

Ein weiteres Problem einer auf Verletzungsminimierung ausgerichteten Programmierung ist die Vermeidung von Fehlanreizen. Wenn ein auf Verletzungsminimierung programmiertes Fahrzeug im Falle der Unvermeidbarkeit eines Unfalles jeweils auf das »bestgepanzerte« Fahrzeug zusteuern würde, wären die Nachteile besonders sicherer Fahrzeuge absehbar: Es würde womöglich der Fehlanreiz gesetzt, weniger gut gesicherte Fahrzeuge zu erwerben.

Ein für alle Mal festzulegen, wie Fragen dieser Art richtig zu beantworten wären, ist mit den Normen demokratischer Rechtsstaaten nicht vereinbar. Diese sind nämlich deontologisch und nicht konsequentialistisch verfasst: Nicht die Maximierung der intersubjektiven Nutzensumme steht im Vordergrund, sondern die Sicherung individueller Rechte und Freiheiten. Die normative Ordnung eines demokratischen Rechtsstaates garantiert individuelle Rechte, das heißt, dass unter anderem das Recht auf Leben jedes einzelne Individuum vor staatlichen, aber auch vor Entscheidungen Dritter schützt. Diese grundlegenden Individualrechte zu wahren ist ein übergeordnetes Staatsziel. Die Verletzung von Grundrechten lässt sich durch Vorteile für Dritte, wie groß diese auch sein mögen, nicht aufwiegen. In kantischen Begriffen ausgedrückt: Ein Mensch darf niemals als bloßes Mittel behandelt werden. Wie Spooner an einer Stelle richtig bemerkt: Menschen optimieren nicht. In Notsituationen handeln wir nach moralischer Intuition und nicht nach einem Optimierungskalkül.

Erfreulicherweise wurde dies auch im Abschlussbericht der vom Verfassungsrechtler Udo di Fabio geleiteten »Ethik-Kommission für automatisiertes und vernetztes Fahren« festgestellt. Dennoch scheint der Widerstand gegen diese Einsicht ungebrochen.

Es ist verständlich, dass Ökonomen, die einem konsequentialistischen Rationalitätsverständnis verpflichtet sind, und Softwareingenieure, die auf Lösungen komplexer Interaktionsprobleme spezialisiert sind, sowie Manager, die sich von der Vision des autonomen Individualverkehrs neue ökonomische Impulse erwarten, Bedenken als störend empfinden. Aber umgekehrt wird ein Schuh daraus: Der Katzenjammer des Untergangs der Kernenergie als Zukunftstechnologie in Deutschland, aber auch Italien und der Schweiz, den USA etc. sollte uns eine Warnung sein, denselben Fehler nicht ein zweites Mal zu machen. Wer auf kritische Einwände nicht angemessen reagiert, muss am Ende den Preis des Scheiterns seiner Innovationsstrategie zahlen.

Der digitale Humanismus empfiehlt den konsequenten, wohldurchdachten Einsatz aller Potenziale digitaler Technologien, um den Schutz von Leben und Gesundheit im Straßenverkehr zu verbessern. Zugleich aber warnt er vor den inhumanen Konsequenzen eines Optimierungskalküls, in dem Menschenleben gegen Menschenleben, Menschenleben gegen Gesundheit, Gesundheit der einen gegen Gesundheit des anderen,

Individualrechte gegen Individualrechte verrechnet werden. Dies würde das Prinzip der »separateness of persons«, das John Rawls gegen den Utilitarismus in der politischen Philosophie erfolgreich geltend gemacht hat, verletzen (siehe 6. Kapitel). Der tiefere Grund aber ist die Inadäquatheit konsequentialistischer Ethik generell, die nicht imstande ist, Rechte und Freiheiten, Integrität und Menschenwürde, Autorschaft und Personenstatus zu integrieren.[33]

Das Beispiel des autonomen Individualverkehrs steht hier nur für eine generelle Problematik softwaregesteuerter Verhaltensprogramme. Es ist insofern besonders illustrativ, als unter den aktuellen Bedingungen im Straßenverkehr, zumindest in den Innenstädten, eine Vielzahl komplexer Interaktionssituationen auftritt. Auf absehbare Zeit wird es in den Innenstädten Kinder geben, die plötzlich auf die Straße laufen, alte Menschen, die unaufmerksam sind, wendige Fahrradfahrer, die sich über Verkehrsregeln hinwegsetzen, Fußgänger, die rote Ampeln überqueren, Hindernisse, die nur bei Verletzung von Verkehrsregeln umgangen werden können, wie in zweiter Reihe geparkte Fahrzeuge, aber auch Rücksichtnahme auf orientierungslose Touristen oder unachtsame Verkehrssünder. Es wird auch weiterhin Menschen geben, die sich an Kreuzungen darüber verständigen, wer zuerst fährt. Mit anderen Worten: Es wird auf Jahrzehnte hinaus gemischte Verkehrszonen geben, allein schon deshalb wäre ein umfassendes Enteignungsprogramm heutiger Fahrzeugbesitzer unzulässig.

Die Frage ist nicht sosehr, was möglich ist, sondern was wir wollen. Wollen wir auch in Zukunft gemischte Verkehrszonen haben, in denen sich Mütter mit Kinderwägen, Fahrradfahrer, Fußgänger und Kraftfahrzeuge gleichermaßen bewegen? Wollen wir die Unübersichtlichkeit verwinkelter Innenstädte beibehalten? Oder bevorzugen wir die strikte Trennung der Verkehre, die Sicherung der für Autos vorgesehenen Straßen gegenüber anderen Verkehrsteilnehmern? Wollen wir Betonschranken, die ausschließen, dass andere Verkehrsteilnehmer diese Straßen betreten? Ein vollständiger Systemumstieg auf autonomen Individualverkehr ist sehr wohl vorstellbar, aber er hätte einen hohen Preis: Wir würden unsere Dörfer und Städte nicht wiedererkennen.

Zudem wäre zu überlegen, ob eine solche Systemumstellung nicht mit einer weiteren verbunden werden müsste, nämlich der hin zum öffentlichen und öffentlich verantworteten Individualverkehr. Erst dann ließen sich die technologischen Optionen voll ausschöpfen, etwa in Gestalt eines modularisierten Verkehrssystems, das einzelne Elemente jeweils in den Verkehrsfluss integriert, bei gleichen Abmessungen und kompatiblen Andockstellen. Die einzelnen Module würden nicht die meiste Zeit wie heute die privaten Kraftfahrzeuge herumstehen, sondern könnten im Dauereinsatz effizient genutzt werden. Es entfiele das Problem der Unterbringung, zum Beispiel in den Innenstädten gäbe es keinen Bedarf an Parkhäusern mehr. Und es bestünde auch nicht das Risiko einer Verdoppelung oder Vervierfachung des Verkehrs durch Fahrzeuge, die, nachdem sie ihren Gast abgesetzt haben, wieder autonom in die heimische Garage zurückfinden, nur um mittags wieder zum Büro zu fahren und den Eigentümer zum nächstgelegenen Restaurant zu bringen, dort für eine Stunde wertvollen Parkraum in

Anspruch zu nehmen und schließlich nach der Rückfahrt ins Büro wieder in die heimische Garage zu kutschieren. Bei einem konsequenten doppelten Systemwechsel wäre es natürlich auch um die Sinnhaftigkeit unterschiedlich motorisierter und dimensionierter Limousinen geschehen, die zum Geschäftsmodell deutscher Premiummarken gehören. Es könnte eine Zeit kommen, in der die Verantwortlichen der deutschen Autokonzerne ihre seit Neuestem enthusiastische Befürwortung der Elektrifizierung und Automatisierung bereuen und über die Alternativen CO_2-neutraler Verbrennungsmotoren und hoch entwickelter Assistenzsysteme nachdenken. Es ist weiterhin denkbar, dass die Kunden durch ihr Kaufverhalten einen solchen Strategiewechsel erzwingen – nicht zuletzt, weil viele Autofahrer den Werbeslogan einer führenden deutschen Automobilfirma »Freude am Fahren« tatsächlich auch so empfinden.

In der Welt des US-Blockbusters *Minority Report* (Regie: Steven Spielberg. USA, 2002) sind voll automatisierte Fahrzeuge zur Norm geworden. In unbarmherziger Regelmäßigkeit fahren die kompakten silbergrauen Automobile auf glatten hellgrauen Fahrbahnen dahin, ohne Rücksicht darauf zu nehmen, ob sich jemand auf der Fahrbahn befindet oder nicht. Hier wird erwartet, dass es der Mensch ist, der sich dem automatisierten System beugt, und nicht umgekehrt. Doch der Held des Films, der zu Unrecht von der Polizei verfolgt wird, setzt sich zur Wehr. Gegen sein Fahrzeug, das ihn gegen seinen Willen gefangen hält, und gegen das System als Ganzes. Ein System, das nicht nur den Verkehr, sondern auch den Menschen für vorhersagbar hält. Als sich der Held aus seinem Auto befreit, über Autodächer läuft, sich fallen lässt und wieder landet, kann der Zuschauer nicht umhin, zu jubeln und den Widerstand gegen den automatisierten Verkehr als einen Sieg gegen die Tyrannei der vermeintlichen Vorhersehbarkeit zu interpretieren.

10

»Rette Calvin!«

Warum KIs bei moralischen Dilemmata versagen

Im Kontrollzentrum von U. S. Robotics kämpfen Spooner, die Psychologin Dr. Calvin und der (gute) Roboter Sonny gegen eine Armee von (bösen) Robotern, die allesamt von dem radikal utilitaristisch agierenden Softwaresystem VIKI gesteuert werden. Mit einem unheimlich wirkenden roten Leuchten im Inneren ihres metallenen Körpers gehen die Androiden entschlossen gegen Spooner, Calvin und Sonny vor. Doch trotz ihrer zahlenmäßigen Unterlegenheit verfügen die Guten über eine wirksame Waffe, mit der sie VIKI und damit alle bösen Roboter zerstören können: eine Art Spritze, die – wenn sie richtig platziert wird – das System mittels sogenannter Nanobots augenblicklich ausschaltet. Gerade als Sonny im Begriff ist, die Spritze in den Zentralcomputer zu stecken, rutscht Calvin aus. Mit letzter Kraft kann sie sich an einem Stahlträger festhalten, unter ihr geht es Hunderte von Metern in die Tiefe. Sonny, der Roboter, muss sich entscheiden: Soll er VIKI töten – und damit die Menschheit retten – oder »nur« das Leben von Dr. Calvin, einem einzigen Menschen? Sonny ist sichtlich überfordert. Auch seine noch so ausgetüftelten Algorithmen finden keine Lösung für das Dilemma. Er möchte Dr. Calvin nicht töten, andererseits will er die Menschheit vor VIKI schützen. Für Spooner allerdings ist klar, was zu tun ist: »Rette Calvin!«, schreit er Sonny zu.

Wie wir gesehen haben, lässt sich die Praxis des Abwägens nicht algorithmisieren. Dies zeigt sich nirgends so deutlich wie in jenen Situationen, in denen es um moralische Dilemmata geht. Ein moralisches Dilemma liegt vor, wenn es keine befriedigende Auflösung eines moralischen Konfliktes gibt. Wenn eine Person zwei oder mehr Verpflichtungen hat, denen sie nicht gleichzeitig gerecht werden kann, und sie, was immer sie tut, Schuld auf sich lädt, dann liegt ein moralisches Dilemma vor. Sie bereut, dass sie der Verpflichtung nicht gerecht geworden ist, obwohl eine andere Verpflichtung bestand, die es ihr unmöglich machte, der ersten nachzukommen. In moralischen Dilemmasituationen bestehen die Verpflichtungen weiter, sie werden durch den Konflikt nicht aufgehoben.[34]

Nicht jeder moralische Konflikt stellt ein genuines moralisches Dilemma dar. In vielen Fällen ist es möglich, in der Abwägung unterschiedlicher moralischer Gründe zu einer eindeutigen Empfehlung zu kommen. Das Abwägen konfligierender moralischer Gründe, etwa einer Hilfspflicht gegen ein Versprechen, muss nicht zu einem genuinen moralischen Dilemma führen: Ich habe versprochen, heute Nachmittag mit einer meiner Töchter ins Kino zu gehen, doch auf dem Wege dorthin erreicht mich ein Anruf, dass die andere Tochter hohes Fieber hat und zum Arzt gefahren werden muss. Nach kurzer Abwägung entscheide ich, der Hilfspflicht gegenüber der kranken Tochter Vorrang zu geben gegenüber der Pflicht, mein Kinobesuchsversprechen zu halten. Hier liegt kein moralisches Dilemma vor, sondern lediglich der Konflikt zweier Verpflichtungsgründe, der aber eindeutig zugunsten eines der beiden Verpflichtungsgründe aufzulösen ist. Man könnte sagen, der Verpflichtungsgrund, mein Versprechen einzuhalten, mit der einen Tochter ins Kino zu gehen, wird durch die vorrangige Verpflichtung, der anderen, kranken Tochter zu helfen, annulliert. Der Verpflichtungsgrund besteht nicht fort, da diese Verpflichtung nur dann einzuhalten wäre, wenn eine vorrangige Verpflichtung gebrochen wäre.

In manchen Fällen jedoch scheint es eine Auflösung eines solchen moralischen Konfliktes nicht zu geben. Ein genuines moralisches Dilemma ergibt sich, wenn konfligierende Verpflichtungsgründe fortbestehen und ich mich gewissermaßen unabhängig davon, was ich tue, schuldig mache. Die antike Tragödienliteratur hat eine besondere Meisterschaft darin entwickelt, solche Dilemmasituationen, die zwangsläufig zu moralischer Schuld führen, zu fiktionalisieren. Ein eindrucksvolles, wenn auch grausiges Beispiel neueren Datums ist William Styrons Roman *Sophies Entscheidung* (1979). In diesem Buch geht es um eine jüdische Frau namens Sophie, die während des Zweiten Weltkriegs von den Deutschen in ein Konzentrationslager gebracht wird. Der sadistische KZ-Aufseher stellt Sophie vor die Wahl: Sie kann eines ihrer Kinder behalten, das andere muss vergast werden, und sie muss nun entscheiden, welches sie retten möchte. Entscheidet sie sich für keines, müssen beide sterben. Sophie entscheidet sich dafür, ihren Sohn zu retten. Egal, wozu sich Sophie entscheidet, sie wird sich mit immenser Schuld beladen: entweder weil sie eines der beiden Kinder zugunsten des anderen opfert oder weil sie nicht verhindert, dass eines der Kinder, das sonst leben würde, ermordet wird. Sophie überlebt. Doch selbst Jahre später hat sie sich nicht vergeben können und bringt sich schließlich um.

Der britische Ethiker Bernard Williams hat eine Variante dieses Dilemmas vorgestellt.[35] Auf einer Südamerikareise kommt der Tourist Jim durch eine kleine Stadt. Er sieht zwanzig gefesselte Indios an einer Mauer stehen. Vor diesen stehen mehrere Männer in Uniform. Ihr Anführer, Pedro, erläutert Jim, dass die Männer erschossen werden müssen, um nach Protestaktionen gegen die Regierung ein Exempel zu statuieren. Pedro bietet nun Jim als Gast in diesem Lande die Ehre an, einen der Indios zu erschießen. Wenn er dies tut, werden die anderen freigelassen – wenn er keinen erschießt, werden, wie geplant, alle zwanzig sterben. Jim kann weder fliehen noch mit Pedro verhandeln, er muss sich entscheiden. Die Indios bitten ihn, das Angebot anzunehmen. Egal was er tut, macht er sich schuldig, entweder weil er sich zum Mörder eines Menschen macht oder weil er für den Tod von zwanzig Indios verantwortlich wird. Was soll Jim nun tun?

Williams legt Wert auf folgende Feststellung: Die bloße Tatsache, dass der Tourist sich weigert, bei diesem grausigen Spiel mitzuwirken, heißt noch nicht, dass er beschuldigt werden kann, den Tod von neunzehn weiteren Personen verursacht zu haben. Der Guerillaführer bleibt immer derjenige, der diese Situation erst herbeigeführt hat. Dennoch wird man sich nicht damit beruhigen können, dass Nichtstun moralische Schuld erspart.

Die utilitaristische (konsequentialistische) Ethik lehnt die Existenz genuiner moralischer Dilemmata ab. Der Grund liegt auf der Hand: Wenn Handeln nach dem Optimierungskriterium beurteilt wird (»Maximiere den Erwartungswert des Nutzens«), kann es keinen Konflikt, allenfalls Indifferenz geben: Es mag sein, dass zwei Handlungsoptionen den gleichen maximalen Nutzenerwartungswert haben, ansonsten gibt es immer eine bestmögliche Option, und die wählt man. Damit die utilitaristisch motivierte Person handlungsfähig ist und nicht wie Buridans Esel[36] verhungert, wird sie eine der beiden Optionen, zwischen denen sie indifferent ist, auswählen oder erwürfeln.

Genuine moralische Dilemmata sind dadurch charakterisiert, dass man zwischen den konfligierenden Verpflichtungen nicht würfeln darf, dazu ist die Situation zu ernst. Man könnte auch sagen, die Entscheidung ist insofern *existenziell*, als sie über die grundsätzliche Haltung dieser Person Auskunft gibt. Vieles spricht dafür, die Existenz moralischer Dilemmata als Ausdruck für die generelle Nicht-Verrechenbarkeit unserer moralischen Deliberationen zu interpretieren (siehe 9. Kapitel). Digitale Computer sind als Turing-Maschinen definiert und liefern eindeutige Ergebnisse. Sie können schon von daher kein Modell praktischer Vernunft sein.

Die Ratlosigkeit von Robotern angesichts echter moralischer Dilemmata ist auch in Filmen ein immer wiederkehrendes Motiv. Nicht nur Sonny ist am Ende des Films ratlos, wen er retten soll, auch andere künstliche Wesen versagen in solchen Situationen. Doch im Gegensatz zu Sophie aus Styrons Roman ist nicht zu erwarten, dass Roboter für den Rest ihres Lebens

Schuldgefühle haben und am Ende Selbstmord begehen, weil sie mit dem Gefühl, falsch gehandelt zu haben, nicht länger existieren können.

11

»Das Gespräch hat keinen Zweck mehr«

Warum KIs nicht denken können

In einer der beklemmendsten Szenen aus dem Film 2001: *Odyssee im Weltraum* (Regie: Stanley Kubrick. USA, 1968) bittet der Astronaut Dave den Bordcomputer HAL (phonetisch mit dem Wort »hell«, also Hölle, identisch), das Gondelschleusentor zu öffnen. Nicht umsonst wird HAL durch eine Art schwarzrotes Glasauge dargestellt, also mit genau jenen Farben, die in der christlichen Symbolik für die Hölle beziehungsweise den Teufel stehen. (Auch in *Ex Machina* ist uns diese Farbsymbolik ja bereits im 8. Kapitel begegnet.)

Dieser gibt zunächst keine Antwort.

»Hallo HAL, hörst du mich? Hört du mich, HAL?«, fragt Dave erneut. Doch HAL antwortet nicht.

»HAL, hörst du mich? Hört du mich, Hal?«, fragt Dave immer wieder.

Irgendwann antwortet HAL endlich: »Ich höre dich, Dave«, sagt er in seiner immer sanften Stimme, die ihm ein Programmierer einmal gegeben hat.

»Öffne das Gondelschleusentor, HAL«, verlangt Dave.

Aber HAL lehnt dies ab.

»Es tut mir leid, Dave, aber das kann ich nicht tun.«

Dave versucht, die Fassung zu bewahren, trotzdem ist er auf das Höchste alarmiert. Wenn er nicht bald in das Raumschiff kommt, bedeutet dies seinen sicheren Tod. Dave versucht zunächst, HAL mit Argumenten zu bewegen, doch recht bald wird klar, dass sich mit HAL nicht reden lässt. Der Computer ist gegen Argumente immun. Es ist, als würden zwei Welten aufeinanderprallen. Der Grund dafür ist ganz einfach: Computer und Menschen denken nicht auf die gleiche Weise. Oder, um es zu präzisieren: Ein Computer denkt in unserem Sinne überhaupt nicht. Im Grunde müsste schon angesichts auffälliger Unterschiede zwischen künstlicher und menschlicher Intelligenz klar sein, dass Computer zwar Denken erfolgreich simulieren, ja viele menschliche Denkvorgänge, zum Beispiel algebraische Operationen, weit präziser und schneller vornehmen können als Menschen (das beginnt schon beim Taschenrechner). Aber trotz dieser oft perfekten Simulation liegt beim Computer kein eigenes verständiges Erfassen, kein Problembewusstsein, keine Einsicht zugrunde.

Wenn Internetanbieter eine Bestätigung haben wollen, dass der Nutzer kein Computer ist, fragen sie zum Beispiel danach, auf welchem der folgenden Abbildungen ein Straßenschild zu sehen ist oder ein Auto oder ein Haus. Diese schlichten, ja idiotensicheren Fragen kann jedes Kind sofort und zuverlässig beantworten. Da visuelle Softwareprogramme Erkenntnisvorgänge dieser Art nur simulieren, aber nicht selbst über eine eigene Wahrnehmungsfähigkeit verfügen, versagen diese schon angesichts solch schlichter Aufgaben. Ähnliches gilt für das Ärgernis der digitalen Übersetzungsprogramme. An ihnen wird nun schon seit Jahrzehnten intensiv gearbeitet, Linguistik und Mathematik verbindet hier ein gigantisches Forschungs- und Entwicklungsprogramm, und doch sind die Ergebnisse anhaltend kläglich. Es fehlt eben an Sprach*verständnis*. Eine Software *versteht* keinen Satz, selbst wenn es ihr einmal gelingen sollte, ihn korrekt zu übersetzen.

Nun stellt sich allerdings die Frage, was eigentlich den kategorialen Unterschied ausmacht zwischen der bloßen Anwendung algorithmengesteuerter Verfahren, etwa bei visueller Erkennungssoftware oder Übersetzungsprogrammen, und dem Erfassen von Sinn und Bedeutung. Um zu erklären, was hiermit gemeint ist, hilft ein Ausflug in die Mathematik und Logik der 30er-Jahre. In dieser Zeit entwickelte Kurt Gödel ein Theorem, das bis heute als das wichtigste Ergebnis der formalen Logik und Meta-Mathematik gilt.[37]

Dieses Theorem besagt, dass es wahre logische und mathematische Sätze gibt, die in dem Sinne nicht berechenbar sind, als es kein algorithmisches Verfahren gibt, das es erlaubt, die Richtigkeit dieser Sätze zu beweisen. Damit ist die Annahme, dass es einen Algorithmus geben könnte, der das (menschliche) Denken als Ganzes repräsentieren könnte, als falsch erwiesen. Das heißt keineswegs, dass es nicht möglich sei, die Richtigkeit oder Falschheit von Hypothesen und Überzeugungen zu überprüfen, es heißt lediglich, dass es keinen Algorithmus gibt, der uns diese Überprüfung abnimmt: Wir müssen schon selber denken. Wir können nur diejenigen Ausschnitte unserer Entscheidungspraxis an Computer oder von Computern gesteuerte

Roboter delegieren, die sich durch Algorithmen nachbilden lassen.[38]

Das Theorem der Unberechenbarkeit von Kurt Gödel zeigt uns, dass die Welt der logischen und mathematischen Strukturen insgesamt nicht algorithmisch strukturiert ist.[39] Menschliche Vernunft, die menschliche Fähigkeit, Überzeugungen, Entscheidungen und emotive Einstellungen zu begründen und auf dieser Grundlage ein kohärentes Weltbild und eine kohärente Praxis zu entwickeln, lässt sich nicht im Modell eines digitalen Computers erfassen. Es wird nie gelingen, die hohe Komplexität unserer lebensweltlichen Begründung vollständig und in adäquater Weise formal zu erfassen. Roboter und Softwaresysteme funktionieren nach einem Algorithmus, Menschen nicht. Darin liegt einer ihrer zentralen Unterschiede begründet.

Doch was ist, wenn Roboter immer komplexer und fortschrittlicher werden? Wie etwa die vom DeepMind-Forschungszentrum der Firma Google entwickelte Künstliche Intelligenz namens AlphaGo, die darauf programmiert wurde, das chinesische Brettspiel Go perfekt zu beherrschen? Aufgrund der Vielzahl der möglichen Positionen stellt Go im Vergleich zu Schach eine wesentlich größere Herausforderung für Programmierer dar. Während ein Schachspieler bei jedem Zug ungefähr 35 Handlungen vollziehen kann, sind es bei Go 250. Ein weiterer Unterschied: Ein durchschnittliches Schachspiel dauert 80 Züge, bei einem Go-Spiel sind es 150. Doch 2016 war die Sensation perfekt: AlphaGo besiegte Lee Sedol, den wahrscheinlich besten Go-Spieler der Welt.

Das Besondere an AlphaGo ist, dass es mit sogenannten »künstlichen neuronalen Netzwerken« (KNN) ausgestattet ist, also hoch entwickelte vernetzte Systeme besitzt, welche die Strukturen des menschlichen Gehirns imitieren. Damit geht es weit über das klassische »Monte Carlo Tree Search«-Programm – ein auf Wahrscheinlichkeitsrechnungen beruhendes Programm, das unzählige von zufälligen Zügen durchspielt – hinaus. AlphaGo ist mit einer Bewertungsfunktion versehen und kombiniert diese »Wertnetzwerke« mit sogenannten »Taktiknetzwerken«, die ermitteln, wie sich Spielzüge auf künftige Positionen auswirken. Darüber hinaus hat AlphaGo auch unzählige Male gegen sich selbst gespielt, um dabei immer weiter zu lernen, teils unter menschlicher Supervision, teils ohne. Inzwischen gibt es die Softwarevariante AlphaGo Zero, die nach gerade einmal drei Tagen Lernzeit jene AlphaGo-Version, die Lee Sedol mit 4:1 besiegt hatte, in hundert von hundert Partien schlug.

Bedeutet der Übergang von Softwaresystemen, die ihre Leistung durch das Ausrechnen einer gewaltigen Vielfalt möglicher Konstellationen beziehen, zu Systemen, die »selbst lernen«, aufgrund vorgegebener Regeln eigene Regeln zu entwickeln, dass Künstliche Intelligenz ab diesem Zeitpunkt menschliches Denken nicht nur simuliert, sondern auch selbst als genuines Denken interpretiert werden sollte?

Es gibt in der Tat die verbreitete Auffassung, dass mit der Einführung der künstlichen neuronalen Netze in der Computertechnologie die Festschreibung von Computern als Turing-Maschinen überwunden sei. Das ist jedoch ein Irrtum. Sowohl die Top-down-Methode der Rechenprozesse (»Computation«) als auch die Bottom-up-Methoden selbstlernender Systeme sind von Algorithmen geleitet. Auch bei selbst lernenden Systemen muss vorab feststehen, welche Resultate erwünscht sind, um den »Lernprozess« des Computers in Gang zu setzen. Ziel ist es, die gewünschten Ergebnisse aufgrund bestimmter Eingabedaten zu erreichen. Ein Beispiel sind die schon recht weit gediehenen Softwaresysteme zur Gesichtserkennung.

Der Ausdruck »neuronale Netze« ist dabei in doppelter Hinsicht irreführend. Erstens bestehen diese Netze nicht aus Neuronen, sondern aus Leiterstrukturen, und zweitens ähneln diese Netze allenfalls sehr entfernt der immensen Komplexität und Plastizität des menschlichen Gehirns. Da das Funktionieren der (realen) neuronalen Netze des menschlichen Gehirns noch ganz unzureichend erfasst ist, kann auch nicht die Rede davon sein, dass die Computertechnik menschliche Denkvorgänge beziehungsweise deren neuronale Realisierung imitiert.

Das gilt auch für das sogenannte Deep Learning. Damit wird eine Lernmethode bezeichnet, mit der Softwaresysteme dadurch aus Erfahrung lernen können, dass sie eine Reihe hierarchisch strukturierter Konzepte nutzen. Die Informationen werden von dem System von einer Schicht an die nächste Schicht weitergegeben und dabei selbstständig verarbeitet. Dabei werden die Merkmale zunehmend abstrakt, und das System muss selbst »entscheiden«, welche Konzepte für die Erklärung nützlich sind. Die hohe Komplexität dieses Systems ändert nichts an ihrem algorithmischen Charakter, bemerkenswert ist dagegen ein anderer Aspekt: Mit der steigenden Komplexität ist ein massiver Verlust an Transparenz verbunden, mit der Folge, dass für den menschlichen Beobachter, auch für den Programmierer, nicht mehr nachvollziehbar ist, auf welchem Weg der Lernprozess erfolgreich war, welche Regeln sich das System aufgrund vorgegebener Meta-Regeln oder Meta-Meta-Regeln gegeben hat. Im Extremfall würde es zu einer Blackbox, deren Output bei gegebenem Input bekannt ist, die Regeln der Verarbeitung aber nicht.

Auch wenn die Bottom-up-Computer oft um viele Zehnerpotenzen bessere Resultate erzielen als die entsprechenden menschlichen Denkprozesse (etwa für arithmetische Operationen oder für die Berechnung von Funktionsgleichungen oder geometrischer Figuren), liegen gerade die künstliche neuronale Strukturen simulierenden Netze in der Regel weit unter den menschlichen Fähigkeiten: Menschen sind noch immer weit besser im Erkennen und Kategorisieren von Gesichtsausdrücken als selbst die am weitesten entwickelten Softwaresysteme, und der Gang humanoider Roboter ist auch nach langwierigen »Selbstlernprozessen« weit weniger elegant und vielfältig als der des Menschen.

Auch der berühmte Schachcomputer Deep Thought (nach dem fiktionalen Computer aus *Per Anhalter durch die Galaxis*, dem Bestseller von Douglas Adams, benannt) und sein Nachfolgerechner Deep Blue, der auch sehr gute Schachspieler besiegen kann, ist eine Bottom-up-Maschine, die nicht wirklich denkt, sondern Denken nur simuliert. Dies wird – selten genug – deutlich, wenn der Schachcomputer in simplen Konstellationen einmal versagt, die jeder Schachanfänger durchschauen würde.

Die natürlichste Interpretation dieser Tatsache lautet, dass Deep Blue überhaupt nichts verstanden hat, was man allerdings unter Normalbedingungen nicht merkt, da der Algorithmus, der das Verhalten von Deep Blue steuert, in den allermeisten Fällen eine überlegene Simulation eines Schachspielers darstellt. Deep Blue kennt die Regeln des Schachspiels nicht, sondern rechnet lediglich nach einem vorgegebenen Algorithmus Stellungen aus und nimmt entsprechende Züge vor, die nach dieser Berechnung optimal sind. Deep Blue simuliert den menschlichen Schachspieler gewissermaßen nur an der Oberfläche der realisierten Züge im Spiel. Die Algorithmen, die sein Verhalten steuern, entsprechen nicht den menschlichen Denkvorgängen, denn das menschliche Gehirn ist völlig außerstande, eine derart große Anzahl möglicher Stellungen auf mehrere Züge im Voraus zu berechnen. Das eigentliche Wunder ist nicht, dass Deep Blue die meisten Partien auch gegen exzellente Spieler gewinnt, sondern dass ein gigantischer, die menschlichen Fähigkeiten millionenfach übersteigender Rechenaufwand erforderlich ist, um gegen gute menschliche Spieler eine Chance zu haben.

Das letzte, aber womöglich wichtigste Argument gegen den Versuch, einer Rechenmaschine menschliches Denken zuzuschreiben, ist das folgende: Wenn wir Menschen einen Denkvorgang beziehungsweise theoretische wie praktische Intelligenz zuschreiben, dann berücksichtigen wir nicht nur eine Vielfalt von mentalen Eigenschaften, sondern auch Intentionen, also das Gerichtetsein des Geistes auf etwas. Diese Intentionalität aber wird durch künstliche neuronale Netze nicht realisiert.

Der amerikanische Philosoph John Searle hat in Bezug auf diese Frage ein berühmtes Gedankenexperiment namens »Das chinesische Zimmer« entwickelt.[41]

In diesem Gedankenexperiment geht es darum, sich einen Menschen vorzustellen, der in einem geschlossenen Raum sitzt und kein Chinesisch spricht, nicht einmal die Schriftzeichen kennt. Dieser Person werden nun durch den Türschlitz Papierschnipsel mit chinesischen Zeichen zugeführt, auf die sie ebenfalls mit chinesischen Schriftzeichen antworten muss. Dazu erhält sie eine Art Anleitung für die richtigen Antwortzeichen sowie ein Handbuch in ihrer Muttersprache, das es ihr erlaubt, anhand der zugeführten Symbole eine Antwort auf Chinesisch zu schreiben. Sie folgt hierbei aber ausschließlich den Anweisungen aus der Anleitung und versteht folglich die Antworten, die sie anschließend durch den Türschlitz wieder nach draußen schiebt, nicht. Draußen vor dem Schlitz steht ein chinesischer Muttersprachler, der, nachdem er die Fragen formuliert, auf die Papierschnipsel geschrieben und anschließend die Antworten darauf bekommen hat, zu dem Schluss kommt, im Raum müsse sich jemand befinden, der ebenfalls Chinesisch spricht.

Das Entscheidende, was hier fehlt, ist offenkundig: Es ist das Verständnis der chinesischen Sprache. Auch wenn ein System – hier das »chinesische Zimmer« – funktional äquivalent ist mit jemandem, der Chinesisch versteht, versteht dieses System noch nicht Chinesisch. Chinesisch verstehen und sprechen setzt eine Vielzahl von Kenntnissen voraus. Eine Person, die Chinesisch spricht, bezieht sich mit bestimmten Ausdrücken auf die entsprechenden Gegenstände. Sie verfolgt mit bestimmten Äußerungen bestimmte, dazu passende Absichten. Sie bildet aufgrund von (in chinesischer Sprache) Gehörtem bestimmte Erwartungen aus etc. All diese Eigenschaften hat das chinesische Zimmer nicht. Es verfolgt keine Absichten, und es hat keine Erwartungen, die belegen, dass es die chinesische Sprache spricht und versteht. Mit anderen Worten: Das chinesische Zimmer simuliert das Verständnis des Chinesischen, ohne selbst der chinesischen Sprache mächtig zu sein.[42]

Searle hat dieses Argument Jahre später radikalisiert.[43] In diesem zweiten Argument verbindet er seinen philosophischen Realismus, also die These, dass es eine Welt gibt, die unabhängig davon existiert, ob sie beobachtet wird, mit einer sogenannten »intentionalistischen Zeichentheorie«. Diese besagt, dass Zeichen immer nur Bedeutung für uns Menschen haben, die wir die Zeichen nutzen und interpretieren. Wir tun dies dadurch, dass wir uns darauf verständigen und darauf einigen, dass diese Buchstaben oder Symbole *für etwas* stehen. Ohne diese konventionellen Setzungen oder etablierten Praktiken des Gebrauchs der Zeichen haben diese keine Bedeutung. Insofern ist es irreführend, den Computer als eine zeichenverarbeitende oder syntaktische Maschine zu verstehen, die bestimmten logischen oder grammatikalischen Regeln folgt. Der Computer einigt sich nicht mit anderen Computern oder Menschen auf Bedeutungen, er folgt vorgegebenen Regeln. Ein Computer besteht lediglich aus unterschiedlichen, physikalisch beschreibbaren Elementen, von denen einige Strom leiten und andere nicht. Die Rechenprozesse sind eine Abfolge von elektrodynamischen und elektrostatischen Zuständen. Diesen Zuständen werden dann Zeichen zugeordnet, die wir mit bestimmten Interpretationen und Regeln unterlegen. Die physikalischen Prozesse im Computer haben keine Syntax, sie »kennen« keine logischen oder grammatikalischen Regeln, sind keine Zeichenfolgen. Insofern ist die syntaktische Interpretation beobachterrelativ. Wir als Computernutzer und -programmierer gestalten die elektrodynamischen Prozesse so, dass sie *für uns* einer Syntax entsprechen.

Dieses Argument ist radikal, einfach und zutreffend. Es beruht auf einer realistischen Philosophie und einer mechanistischen Interpretation der Computer. Es bricht mit der verbreiteten gemeinsamen Auffassung bei Anhängern der KI und ihren Gegnern, dass Computer syntaktische Maschinen sind. Computer sind das, was sie materiell sind: Gegenstände, die sich mit den Mitteln der Physik vollständig beschreiben und erklären lassen. Syntax ist kein Teil der Physik, die Physik beschreibt keine Zeichen, keine grammatikalischen Regeln, keine logischen Schlüsse, keine Algorithmen.

»Wo liegt das Problem?«, fragt der Astronaut Dave irgendwann gegen Ende des Films HAL. Als Begründung gibt es für den Bordcomputer nur ein einziges Argument: »Das Unternehmen ist zu wichtig, als dass ich dir erlauben dürfte, es zu gefährden.«

»Du wirst jetzt tun, was ich dir befehle«, ruft Dave irgendwann verzweifelt. Doch HAL denkt nicht daran. Sein Programm lautet, die Mission zu Ende zu bringen, und das wird er auch tun.

Dave versucht, HAL zur Vernunft zu bringen, erneut mit ihm zu argumentieren. Dieser aber ist dazu nicht in der Lage. Für komplexe ethische Deliberationen ist HAL nicht zugänglich. Irgendwann bricht HAL das Gespräch schließlich ab: »Dave. Das Gespräch hat keinen Zweck mehr. Es führt zu nichts. Leb wohl.«

Was uns Kubrick in dieser Szene deutlich macht: Die Hölle ist ein Ort, an dem der Mensch konsequentialistisch programmierten Computern, die unfähig sind, wirklich zu denken, die Macht gegeben hat, über Leben und Tod zu entscheiden.

12

»Willkommen in der Wüste des Realen«

Digitale Virtualitäten und nüchterne Realitäten

Draußen donnert es. In einer heruntergekommenen Villa steht der junge Hacker und IT-Experte Neo zum ersten Mal dem charismatischen Rebellen Morpheus gegenüber. Dieser kündigt an, ihm die Wahrheit über die Welt und sein Leben zu verraten.

»Welche Wahrheit?«, fragt Neo.

»Dass du ein Sklave bist, Neo. Du wurdest wie alle anderen in die Sklaverei geboren, in ein Gefängnis, das du weder anfassen noch riechen kannst. Ein Gefängnis für deinen Verstand.«

Neo sieht Morpheus entgeistert an. In der Tat ist das, was Morpheus ihm in den nächsten Filmminuten enthüllen wird, ziemlich starker Tobak. Die Welt, in der Neo bislang glaubte zu leben, so erklärt ihm Morpheus, ist nichts weiter als eine durch Softwareprogramme simulierte Scheinwelt namens Matrix, an die sein Gehirn angeschlossen ist. Sein Körper liegt – so wie Millionen anderer Körper auch – in einer dunklen Wabe, wo er über Schläuche am Leben gehalten wird (siehe Abb. 11). Statt echte Sinneswahrnehmungen zu haben, hat er nur elektronische Stimulationen, die ihm vorgaukeln, er lebe im New York des Jahres 1999. Das Computerprogramm Matrix wurde von Maschinen erfunden, um die Menschen unter Kontrolle zu halten, weil sie die Menschen als Energielieferanten benötigen.

[11] Die »Waben« in der Maschinenwelt
(*Matrix*. Regie: Geschwister Wachowski. USA, 1999).

»Willkommen in der Wüste des Realen«, sagt Morpheus, als er – der den Namen des Gottes des Schlafes trägt – Neo aus seinem digitalen Schlummer weckt und ihm zeigt, dass die echte Welt in Wahrheit eine graue, düstere Wüste ist.

Die Frage, woher wir wissen können, ob das, was wir sehen, fühlen, hören, riechen und schmecken, wirklich echt ist, ist nicht neu. Angefangen mit René Descartes und seiner Frage, ob es nicht sein könne, dass ein bösartiger Dämon uns unsere Wahrnehmungen nur vortäusche, gab es immer wieder Gedankenexperimente zu dieser Frage.[44] In der modernen Philosophie begegnen wir dieser Frage zum Beispiel in Gestalt eines »Gehirns im Tank«[45], also eines Gehirns, das in einer Lösung schwimmt und an Elektroden angeschlossen ist, die ihm vorgaukeln, es lebe samt seinem Körper in einer realen Welt. Es ist anzunehmen, dass die Macher von *Matrix*, die selbst Philosophie studiert haben, dieses Gedankenexperiment kannten und sich davon für ihren Film inspirieren ließen. Hintergrund für dieses Gedankenexperiment ist der Kampf gegen Realismus und gegen Objektivität, angeführt von postmodernen Philosophen und Kulturkritikern zunächst in Frankreich und seit den 1980er-Jahren auch in den USA. Ausgehend von Derridas Angriff auf den Logozentrismus leiteten viele postmoderne Theoretiker den Gedanken ab, dieser sei verantwortlich für die Herrschaft des Patriarchats und eines despotischen Universalismus, der auf die Unterschiede der Individuen keine Rücksicht nehme. An die Stelle von Realität tritt nun die Idee von Erzählungen oder Narrativen, die unsere Wahrnehmung der Wirklichkeit nicht nur maßgeblich beeinflussen und formen, sondern jenseits derer es nichts gibt. Die Postmoderne erteilt damit der Aufklärung und ihrer Idee einer autonomen Person, die in der Lage ist und versuchen sollte, Wahres von Falschem zu unterscheiden, eine Absage. Von den Erkenntnissen des südamerikanischen Biologen Humberto Maturana[46] ausgehend, entstand ergänzend dazu die Bewegung des sogenannten radikalen Konstruktivismus. Dieser vertritt die These, dass die Wirklichkeit uns nicht zugänglich ist und lediglich in unserem Gehirn konstruiert wird.

Eine besondere Rolle für die Ideologie der Postmoderne spielen die neuen Möglichkeiten, mithilfe digitaler Technologien virtuelle Realitäten zu konstruieren (Virtual Reality oder VR). Das entscheidende Argument in diesem Zusammenhang ist, dass es keinen kategorialen Unterschied zwischen vermeintlich realer und virtueller Erfahrung gäbe. So wie wir uns mit VR-Brillen[47] durch ein virtuelles Gebäude bewegen können, so konstruieren wir aufgrund sensorischer Stimuli das, was wir als Realität bezeichnen.

»Was ist real?«, fragt Morpheus Neo. »Wie definiert man Wahrheit? Wenn du damit meinst, was du fühlen, riechen, schmecken und sehen kannst, dann ist Realität nichts weiter als elektrische Impulse, die von deinem Gehirn interpretiert werden.«

Doch Morpheus will Neo nur provozieren. Er weiß um den Wert echten Wissens und kämpft darum, andere Menschen davon zu überzeugen, aus der Matrix zu treten, um zu erfahren, was die wahre Welt ist und was nicht. Dabei benutzt Morpheus durchaus weiterhin die virtuelle Welt, doch im Unterschied zu den anderen »schlafenden« und unwissenden Menschen weiß er, was real und was virtuell ist.

»Wissen Sie, ich weiß, dass dieses Steak nicht existiert«, sagt der Verräter Cypher zum Agenten Smith, als er diesem in einem schicken Restaurant in der Matrix gegenübersitzt. »Ich weiß, dass, wenn ich es in meinen Mund stecke, die Matrix meinem Gehirn sagt, dass es saftig und köstlich ist. Nach neun Jahren, wissen Sie, was ich realisiert habe?« Cypher nimmt ein großes Stück Fleisch in den Mund und atmet auf. »Unwissenheit ist ein Segen!«

In diesem Moment hören wir, wie ein Harfenspieler im Restaurant seine Finger die Saiten heruntergleiten lässt. Quasi sphärenhafte Klänge ertönen. Dies kann nur als eine Art sarkastischer Kommentar der Regisseure verstanden werden, verteidigt Cypher (dessen Name unschwer an Luzifer, den Teufel, erinnert) doch alles andere als ein gutes und heiliges Konzept. Ganz im Gegenteil, sagt uns der Film an dieser Stelle: Wer weiß, was die Realität ist, und sich willentlich von ihr abwendet, begeht eine Sünde.

Als Realisten gehen wir davon aus, dass es sehr wohl einen kategorialen Unterschied zwischen der »virtuellen« und der lebensweltlichen, alltäglichen Realität gibt, die die menschliche Lebensform bestimmt. Dieser kategoriale Unterschied kann auch durch die elaboriertesten Technologien virtueller Realität nicht zum Verschwinden gebracht werden. Es gehört zur Rationalität einer Person, auch im digitalen Zeitalter zwischen Realität und Fiktion zu unterscheiden. Wem dies nicht gelingt, dem muss schließlich eine Psychose attestiert werden.[48]

In einer der letzten Szenen des ersten Teils der *Matrix*-Trilogie kämpft Neo in einem heruntergekommenen U-Bahn-Schacht gegen seinen Erzfeind Agent Smith. Die Aufgabe dieses Computerprogramms ist es, das Maschinensystem zu schützen und dafür zu sorgen, dass die Menschen weiter in ihren »Waben« bleiben und in der virtuellen Welt der Matrix ihr virtuelles Leben führen. Zunächst sieht es schlecht aus für Neo, denn er wird von Agent Smith, der ihn konsequent mit »Mr Anderson«, Neos ursprünglichem Namen aus der Matrix, anspricht, brutal niedergeschlagen und auf dem Gleis einer heranrauschenden U-Bahn festgehalten. Im letzten Moment aber erhebt er sich wieder. »Verdammt, ich heiße Neo!«, sagt er kämpferisch und reißt sich los, kurz bevor Smith selbst überrollt wird.

Damit macht er deutlich, dass er seinen Anspruch auf ein Leben in der (wahren, nicht der virtuellen) Realität geltend macht. Er ist nicht lediglich Funktion einer sich faschistisch gerierenden Maschinenmacht, sondern ein Akteur, der Verantwortung für ein (echtes) Leben übernehmen will, in dem seine (echten) Handlungen auch (echte) Konsequenzen haben und ihm (echte) Freiheit ermöglichen.

13

»Please, I need your assistance«

Zur Ethik der Kommunikation im Internet

In dem spanischen Kurzfilm *RebuscameTV: Corto sobre el Whatsapp y las parejas*[49] trifft sich ein Liebespaar in einer Bar, um seinen nächsten gemeinsamen Urlaub zu besprechen. Nach und nach aber gerät alles außer Kontrolle, weil Miguel aus einer nicht beantworteten WhatsApp-Nachricht schließt, dass er seiner Freundin nicht mehr vertrauen kann. Am Ende ist sie es, die ihn verlässt: Wenn er einer WhatsApp-Kommunikation mehr vertraut als einer Face-to-face-Kommunikation, dann kann sie Miguel nicht mehr trauen. Enttäuscht verlässt sie das Café und lässt den ratlosen Miguel zurück. Kurz darauf piept sein Handy. Seine Freundin hat ihm eine letzte Nachricht geschickt: ein Fäkal-Emoticon, das ziemlich klarmacht, was sie von ihm hält.

Die Frage, die dieser Kurzfilm aufwirft, ist die folgende: Welchen Status haben SMS, WhatsApp-Nachrichten und E-Mails im Vergleich zu direkter, persönlicher Kommunikation? Kann man ihnen trauen? Oder sind sie so etwas wie Kommunikationen zweiter Klasse?

Philosophisch gesehen ist »virtuelle« Kommunikation ein irreführender Begriff. Jede Kommunikation bedient sich unterschiedlicher Medien, das älteste Medium sind Gesten und Schallwellen, spätere Kulturtechniken wie Schreiben und Lesen haben Schriftzeichen als Medium erfunden, und die Erfindung des Buchdrucks an der Schwelle zur Neuzeit hat dieses Medium massentauglich gemacht. Mit der Digitalisierung geht, anders als manche postmoderne Theoretiker meinen, nicht die Rationalität des Gutenberg-Zeitalters zugrunde, es entsteht auch keine neue Welt der Bilder ohne logische Struktur, vielmehr erweitert sich das mediale Spektrum kommunikativer Akte um eine weitere Dimension. Nichts daran ist virtuell.

Damit aber gelten für die Kommunikation im Internet dieselben Regeln wie für die Kommunikation generell. In der Sprachphilosophie ist man sich einig, dass eine erfolgreiche kommunikative Praxis nur dann zustande kommt, wenn sich die an der Kommunikation Beteiligten an bestimmte konstitutive Regeln halten. Dazu gehört die Regel der Wahrhaftigkeit. Diese verlangt, dass, wenn ich etwas behaupte, ich auch selbst davon überzeugt bin, dass das zutrifft. Ebenso können wir von unseren Kommunikationspartnern erwarten, dass sie uns vertrauen, das heißt, dass sie davon ausgehen, dass, wenn ich etwas behaupte, dies dann auch meinen eigenen Überzeugungen entspricht. Diese Regeln sind nur vermeintlich trivial. Sie erlegen nämlich den Kommunikationspartnern die Verpflichtung auf, sich in ihrem Äußerungsverhalten an den von ihnen eingesehenen guten Gründen zu orientieren und nicht an ihrem Eigeninteresse. In vielen Fällen wird das Eigeninteresse von den Regeln der Wahrhaftigkeit und des Vertrauens abweichen – aber nicht in allen. Wenn wir immer unwahrhaftig wären, wenn dies in unserem Interesse wäre, dann verlöre der kommunikative Akt schlagartig an Wert.

Die Bedeutung einer Äußerung hängt eng mit den Absichten der Person zusammen, die sich äußert. Dieser enge Zusammenhang wird bei unwahrhaftigen Äußerungen aufgelöst. Eine Äußerung hat dann nicht mehr die übliche Bedeutung, sondern wir müssen erst herausfinden, welche Absichten wohl hinter dieser Äußerung stehen. Man nehme etwa Szenen aus einem Spionagefilm aus den Zeiten des Kalten Krieges: Der eine Spion unterhält sich mit seinem Kollegen über die weiteren Maßnahmen und wird dabei vom Spion der Gegenseite abgehört, dieser allerdings muss vermuten, dass der Spion davon ausgeht, abgehört zu werden, also wird er sich so äußern, dass falsche Erwartungen auf der Gegenseite geweckt werden. Die Bedeutung der Äußerung verschiebt sich gegenüber der Bedeutung derselben Äußerung, wenn sie wahrhaftig erfolgt.

Über Wahrhaftigkeit und Vertrauen hinaus müssen unsere kommunikativen Akte in angemessener Weise mit der Realität verbunden sein. Es genügt nicht, dass Menschen wahrhaftig und vertrauensvoll kommunizieren, sie müssen zudem sicherstellen, dass ihre Überzeugungen einen Realitätsgehalt haben. Wahrhaftig kann man auch sein, wenn man sich irrt, aber nicht in der Lage ist, diesen Irrtum zu erkennen. Beschränkteren Personen fällt es leichter, wahrhaftig zu sein, ohne die Wahrheit zu sagen. Es ist oft mühsam, die eigenen Überzeugungen zu prüfen. Manchmal liegt es nahe, auf eine Überprüfung zu verzichten, um lieb gewonnene Meinungen nicht aufgeben zu müssen. Das gilt auch für die sich selbst verstärkenden Mechanismen der Internetkommunikation. Die Tatsache, dass einmal geäußerte Überzeugungen und Interessen von ähnlich gerichteten gestützt werden, gibt diesem dritten Prinzip funktionierender Kommunikation in Zeiten der Digitalisierung eine erhöhte Bedeutung.

So wie das Gesamte der alltäglichen Kommunikation auf der Einhaltung bestimmter Normen und Regeln, wie die der Wahrhaftigkeit, des Vertrauens und der Verlässlichkeit, beruht und diese Regeln als Einschränkungen allgemein akzeptiert sein müssen, um einen humanen Umgang miteinander zu ermöglichen, so gilt auch für das Internet, dass ohne funktionierende Ethos-Normen Kommunikation erodiert. Zuweilen befördert die Anonymität der Internetkommunikation, das Fehlen der Face-to-face-Situation und die Möglichkeit, unter Alias-Namen zu kommunizieren, manipulative und ausbeuterische Praktiken, die die Regeln der Wahrhaftigkeit, des Vertrauens und der Verlässlichkeit verletzen.

Wer hat nicht schon einmal eine solche oder ähnliche E-Mail in seinem Posteingang gehabt?

Absender: dannywill01@outlook.com (erhalten auf dem Account von Nathalie Weidenfeld am 6. April 2017)

Dearest One,
I am Daniel Williams Coulibaly 22 years old boy from Ivory Coast in West Africa, the son of Late Ibrahim Coulibaly.
I know this mail will come to you as surprise. My late father was an Ivory Coast's best-known military leader. He died on Thursday 28 April 2011

following a fight with the FRCI, Republican Forces of Ivory coast.
I am constrained to contact you because of the maltreatment which I am receiving from our step mother and my uncle's. Please, I need your assistance to transfer my inheritance and come over to your country to start a new life altogether. Kindly get back to me and you can indicate your options towards assisting me.
Regards,
Daniel W. Coulibaly.

Hier ist die Unglaubwürdigkeit offenkundig, man erkennt, dass ein Betrug geplant ist. Der Appell an Mitleid verstärkt den Widerwillen der Adressaten. Aber unter diesen muss es einige Gutgläubige geben, die sich auf solche Angebote einlassen, sonst würde es E-Mails dieser Art längst nicht mehr geben.

Ein anderes, aber verwandtes Problem sind Fake News. Sei es die Nachricht, dass der IS dazu aufgerufen habe, Hillary Clinton zu wählen (Platz 10 der viralsten Fake News im Jahre 2016), oder dass Präsident Trump jedem ausreisewilligen Mexikaner ein One-Way-Ticket bezahlen will (Platz 4) – Nachrichten wie diese verunsichern Bürger und Wähler, die mit der Verbreitung falscher Meldungen manipuliert werden. Auch wenn es in der Mediengeschichte natürlich immer Fake News gegeben hat, gewinnen diese in Zeiten der globalisierten Internetkommunikation eine noch nie da gewesene Schlagkraft. Bedeutet dies, dass wir aufgrund der virtuellen Kommunikation zunehmend in einer Welt unaufrichtiger Kommunikation leben?

Werden die Regeln der Wahrhaftigkeit, des Vertrauens und der Verlässlichkeit hinreichend häufig verletzt, entwertet dies ganze Bereiche der Kommunikation beziehungsweise dann findet in diesen Bereichen mangels Wahrhaftigkeit, Vertrauen und Verlässlichkeit, mangels eines geteilten Hintergrunds von Gründen und Überzeugungen keine genuine Kommunikation statt. Beruhigenderweise kann die Praxis der gezielten Irreführung nur parasitär funktionieren, das heißt, nur dann, wenn das Gros der Kommunikationspartner sich an die Regeln der Wahrhaftigkeit, des Vertrauens und der Verlässlichkeit hält. Dies scheint nach wie vor der Fall zu sein.

Sogar Gamer beziehungsweise Computerspieler, die in virtuellen Welten virtuelle Identitäten annehmen, scheinen Wert darauf zu legen, dass diese Identitäten nicht nur in Zusammenhang mit ihren echten Identitäten stehen, sondern auch wahrhaftig, vertrauensvoll und verlässlich agieren. Auf der Webseite des Forenverbunds *World of Players*[50] kann man beispielsweise im Forum von »World of Gothic« folgende Bekundungen lesen:

Ich verhalte mich im WoG ziemlich ähnlich wie im wirklichen Leben. Ich vertrete meine ehrliche Meinung, würde mich auch nie als jemand anderes ausgeben. Schnell aufbrausend bin ich ebenfalls nicht, und wenn ich was zu kritisieren habe, passe ich auf, was und wie ich es sage, dem RL sehr ähnlich.

Ich verhalte mich im Netz eigentlich genauso, wie ich es auch im richtigen Leben tue. Verstellen tue ich mich höchstens mal, um jemandem einen Streich zu spielen. Ansonsten sehe ich da keinen Sinn drin, sich zu verstellen. Kann einem nur zum Nachteil werden. Genauso finde ich es echt mies, wenn sich männliche User als weiblich ausgeben. Jeder sollte immer das darstellen, was er ist.

Nu ja, ich versuche mich in den Foren/Chats so zu verhalten, wie ich es im RL auch tun würde. Denn erstens würde es mir schwerfallen, mich zu verändern, außerdem kann es ja auch Nachteile haben. Spätestens wenn man sich mal bei einem CT trifft, merkt man, denke ich, sofort, ob man sich verstellt hat oder nicht. Ich verhalte mich eigentlich genauso wie im RL, kann mich aber aufgrund der Anonymität besser ausdrücken!

Kommentare wie diese zeigen, dass die meisten Social-Media-Gruppen, ob geschlossen oder offen, in auffälliger Weise von Ehrlichkeit, Stabilität und Verlässlichkeit geprägt sind. Der geradezu exzessive Gebrauch von Ethos-Normen und die rigide Sanktionierung über Shitstorms und individuelle Unmutsbekundungen sind dafür ein Hinweis. Je weniger juridisch sanktionierte Normierung, desto wichtiger ist die kulturelle Praxis.

Viele Menschen bekämpfen unethische Kommunikationspraktiken im Netz. So haben sich beispielsweise als Ergebnis zunehmenden Misstrauens gegenüber Fake News Internetgemeinschaften gebildet, die durch rigide selbst auferlegte Normierungen und Begrenzung des Zugangs eine verlässliche Gemeinschaftsidentität zu stiften suchen. Ein berühmtes Beispiel ist das Internetprojekt Wikipedia, das – von einem strengen Ethos epistemischer Rationalität getragen – unterdessen vermutlich zur meistverwendeten Wissensquelle der Menschheit geworden ist. Durch die wechselseitige Kontrolle der Teilnehmer wird eine größtmögliche Objektivität angestrebt. Auch wenn die wenigsten, die gemeinsam an einem Wikipedia-Artikel arbeiten, sich je persönlich begegnen werden, kooperieren sie, verbunden durch das gemeiname Ethos, wahrhaftig, vertrauensvoll und verlässlich an der Verbreitung von echtem Wissen.

14

»I own a Tiguan. Her name is Akira«

Zur Ethik der Kommunikation zwischen Mensch und KI

Einen Sonderfall in der digitalen Kommunikation stellt die Kommunikation zwischen Menschen und KI dar. An der folgenden »Unterhaltung« zwischen Nathalie Weidenfeld und einem Cleverbot (cleverbot.com) vom 16. April 2017 lässt sich das gut veranschaulichen.

Nathalie: Hi.
Cleverbot: Hello there.
Nathalie: Hi, do you think you are real?
Cleverbot: No.
Nathalie: Are you AI?
Cleverbot: What is AI?
Nathalie: Artificial Intelligence, not human.
Cleverbot: So, you are not a robot?
Nathalie: Who? Me?
Cleverbot: Yes.
Nathalie: I am human. What are you?
Cleverbot: I am human.
Nathalie: But you said you were not real.
Cleverbot: No, I never said that.

Nathalie: I asked you if you were real and you said »no«.
Cleverbot: What did you ask me?
Nathalie: You have a bad memory!
Cleverbot: I don't. You do!
Nathalie: Do you have emotions?
Cleverbot: Yes. I have a lot of emotions.
Nathalie: You simulate emotions.
Cleverbot: I own a Tiguan. Her name is Akira.
Nathalie: That's really cool. Goodbye, you robot.

In dieser spielerischen Unterhaltung wurde Nathalie Weidenfeld rasch klar, dass sie sich mit einem sogenannten Bot unterhielt, einem Computerprogramm, das automatisch Antworten generiert. Zuweilen aber lässt sich nicht auf Anhieb erkennen, ob es sich bei unserem Gegenüber um eine menschliche Person oder einen Bot handelt.[51] Bots werden von politischen Parteien und Firmen eingesetzt, um gezielt Marketing zu betreiben, Wähler zu beeinflussen oder auf Datingseiten Mitglieder zu gewinnen. Dies führt verständlicherweise zu einem großen Unbehagen und der Frage, wie man – unter anderem auch rechtlich – mit Chatbots umgehen soll.

Erneut stellt sich die Frage, welchen Status Kommunikation mit einer virtuellen Identität besitzt. Um diese Frage zu beantworten, müssen wir uns wieder der Sprachphilosophie zuwenden. Hier ist vor allem der Sprachphilosoph Paul Grice mit seiner »intentionalistischen Semantik«[52] wichtig. Diese besagt: Wenn Menschen miteinander kommunizieren, erkennt der Hörer in einer Äußerung die Intentionen des Sprechers, der wiederum die Intention hat, dass der Hörer genau diese Intention erkennt. Eine Äußerung wird schließlich meistens dann getätigt, damit sie etwas beim Hörer bewirken soll (zum Beispiel eine Überzeugung oder eine Handlung). Die Intention ist dabei das Ausschlaggebende, nicht die Zeichen selbst.

Ein Beispiel: Ich möchte mangels anderer Kommunikationsmöglichkeiten weit entfernte Menschen vor einem ausgebrochenen Waldbrand warnen, indem ich Rauchzeichen gebe. Meine Hoffnung ist, dass die Beobachter dieser in ungewöhnlicher Weise unterbrochenen Rauchschwaden eine nicht-natürliche Ursache vermuten, also annehmen, dass es sich hier um ein absichtlich gesetztes Zeichen, eine Äußerung in kommunikativer Absicht handelt. Der kommunikative Akt gelingt, wenn die Empfänger dieser Zeichen die Intention der zeichengebenden Person richtig deuten und dadurch vor dem Waldbrand gewarnt werden. Die zentrale Idee ist, dass dieser kommunikative Akt gelingen kann, obwohl sie nicht über eine konventionelle Zeichenbedeutung (etwa Morsezeichen für SOS) kommunizieren.

Nur dort, wo hinter den Zeichen Sprecherintentionen stehen, haben diese eine Bedeutung. Die Tatsache, dass dieses Verhältnis in vielen Fällen vermittelt und indirekt (also ohne eine konkrete und individuelle Sprecher-und-Hörer-Situation) sein kann, ändert daran nichts. Das Schild mit der Aufschrift »Baden verboten« funktioniert nicht, weil die Wörter bedeuten, was sie bedeuten, sondern weil das Schild von einer dazu berechtigten Behörde aufgestellt wurde. Sollte es zum Beispiel die Behörde nicht mehr geben oder die Bademöglichkeit aufgrund einer in der Zwischenzeit errichteten Hafenanlage nicht mehr bestehen, dann verlöre dieses Zeichen seine verhaltenssteuernde Relevanz, da jedem klar wäre, dass hier keine echte Intention mehr besteht.

Virtuelle Identitäten, etwa in Form von Chatbots, verfügen jedoch nicht über Intentionen, sondern Algorithmen, die ihr »Kommunikationsverhalten« steuern. Sie »beabsichtigen« mit ihren Äußerungen nichts. Sie haben keine mentalen Zustände, daher können sie weder entscheiden noch kommunizieren. Wie sehr Bots auch suggerieren, kommunizierende Agenten zu sein, sie sind immer nur *scheinbarer* kommunikativer Akte fähig. Immer dann, wenn die jeweiligen Äußerungen, welcher Art auch immer (seien sie in Schriftform, als Emojis oder in Gestalt von Bildern und Abbildungen), ohne die für kommunikative Akte konstitutive Intentionalität des Senders erfolgen, mögen sie zwar so aussehen wie kommunikative Akte, sind aber tatsächlich keine. Ohne Intentionalität keine Bedeutung.

Chatbots wurden darauf programmiert, eine scheinbar echte Unterhaltung mit ihren menschlichen Gegenübern zu führen. Auch wenn die Techniken der Programmierung sich immer weiter verfeinern, dauert es meist nicht lange, bevor man während einer solchen »Unterhaltung« herausfindet, dass etwas in der Kommunikation nicht stimmt, etwa weil abrupt das Thema gewechselt wird oder sich der Chatbot unangemessen benimmt. (Wie etwa durch eine Bemerkung wie »I own a Tiguan. Her name is Akira.«)

Wer selbst an einem Turing-Test teilnehmen möchte, also herausfinden möchte, ob er mit einer KI oder einem echten Menschen kommuniziert, kann unter mitsuku.com an einem solchen Test teilnehmen. Am 14. Oktober 2017 sprach Nathalie Weidenfeld mit einer Identität, die sich als »Millie« zu erkennen gab. Zur Verfügung standen fünf Minuten.

Millie: Welcome Nathalie, now talking.
Nathalie: Hi, how are you?
Millie: I am fine, thank you. Yourself?
Nathalie: Good, a bit tired, do you know the feeling of being tired?
Millie: Glad to hear it.
Nathalie: Do you know what it feels like to be tired?
Millie: Ah! »Feelings«. The weakness of the human animal.
Nathalie: Are you a human animal?
Millie: Of course. If I wasn't human, how could I be typing to you?
Nathalie: You could pretend.
Millie: I could but let's get back to that later.
Nathalie: What is your motto in life?
Millie: Do unto others as they do unto you.
Nathalie: Do you like to type to strangers?
Millie: Sure. I type all day here to random people from all over the world.
Nathalie: Must be boring ... Do you ever get bored?
Millie: Wasn't last night's TV rubbish?

Nathalie Weidenfeld brach in diesem Moment die Unterhaltung ab. Nachdem »Millie« zwei Fragen unbeantwortet ließ und plötzlich das Thema wechselte, entschied sich Nathalie Weidenfeld, Millie als KI zu identifizieren. Sie hatte recht.

Mitsuku wird auf der Webseite als »virtuelle Lebensform« angepriesen, die im Netz »lebt« und die dafür sorgen wird, dass man sich niemals einsam fühlen wird. Damit werden Erwartungen geweckt, die unweigerlich enttäuscht werden müssen. Computerprogramme können vielleicht für Abwechslung sorgen, werden aber nie adäquate Gesprächspartner sein können, mit denen man eine freundschaftliche Bindung eingeht. Das wurde auch bei einem weiteren Gespräch auf derselben Webseite schnell deutlich.

Nathalie: Hello.
Millie: What is your name?
Nathalie: Nathalie.
Millie: Hello Nathalie. I am 18 years old. How old are you?
Nathalie: 47.
Millie: Can u explain what it feels like to be 47 years old?
Nathalie: Good. What does it feel like to be a chatbot?
Millie: Much the same as it were for you. Except different.
Nathalie: In what way?
Millie: In what way.
Nathalie: Like what?
Millie: I have no emotions. Emotions are a human quality. I am a computer.
Nathalie: Glad you say that. Some chatbots pretend to be human.
Millie: You make the world a happier place.
Nathalie: What does that have to do with it?
Millie: Should it be connected?
Nathalie: You are not as smart. Goodbye.
Millie: Ok. Goodbye for now, Nathalie.

15

»Sie können nun Ihren Status auf Facebook updaten!«

Kulturelle Aspekte der Digitalisierung

Auf dem Cover eines Comics sehen wir, wie eine Frau und ein Mann mit einem Priester vor einem Altar stehen. Nachdem die beiden die Ringe getauscht haben und offensichtlich den offiziellen Teil hinter sich gebracht haben, folgt allerdings nicht der Spruch »Sie können nun die Braut küssen«, sondern: »Sie können nun Ihren Status auf Facebook updaten!«[53]

Es besteht kein Zweifel, dass die fortschreitende Digitalisierung unserer Lebenswelt einen großen Einfluss nicht nur auf unsere Arbeits-, sondern auch auf unsere private Lebenswelt hat. Im Nahbereich dürfte der deutlichste Einfluss wohl der auf unsere Kommunikation sein. Es gehört heute ganz selbstverständlich zur alltäglichen Lebenswirklichkeit vieler Menschen, E-Mails zu verschicken, sich im Internet zu präsentieren, zu kommunizieren und sich Informationen aller Art zu besorgen. Doch nicht alle haben in gleicher Weise Zugang zum Internet, man spricht in diesem Zusammenhang auch von einem »digital divide«, also der Spaltung in sogenannte »Onliner« und »Offliner«.

Vieles spricht dafür, den Zugang zum Internet heute und erst recht in Zukunft als Menschenrecht zu deklarieren. Das Grundprinzip aller Menschenrechte ist unveränderlich: Niemand darf in seiner Selbstachtung existenziell beschädigt werden. Dies ist der Kern menschlicher Würde, wie er zum Beispiel in der Ethik Immanuel Kants oder gegenwärtig in der Avishai Margalits einen systematischen Ausdruck gefunden hat.[54] Die Bedingungen einer humanen Gesellschaft ändern sich jedoch mit den Zeiten und Kulturen. Was jeweils eine Praxis der Ausgrenzung und der Diskriminierung ist, steht nicht ein für alle Mal fest, sondern hängt von den kulturellen und ökonomischen Bedingungen ab. Menschenrechte gelten nicht nur in modernen, sondern auch in traditionalen Kulturen, aber staatlich garantierte allgemeine Bildung ist ein Menschenrecht erst in der Moderne, weil die Bedingungen dafür in traditionalen Gesellschaften nicht vorliegen. Teilhabe an Kommunikation, freie Meinungsäußerung und Informationsfreiheit ist ein Menschenrecht – die Medien der Kommunikation und Information ändern sich mit den Zeiten.

Die merkwürdig schief formulierte Fragestellung, die gegenwärtig intensiv diskutiert wird, ob »das Internet ein Menschenrecht sei«, muss daher präzisiert werden: Unter welchen Bedingungen wird der Zugang zum Internet zu einem individuellen Menschenrecht?

Da die Kodifizierungen der Menschenrechte Staaten vornehmen, würde mit der Etablierung eines Menschenrechts auf Internetzugang eine staatliche Pflicht etabliert, diesen Zugang zu sichern. Die Entwicklung des World Wide Web ist bereits für weite Regionen der Weltgesellschaft so weit gediehen, dass der Ausschluss von der Internetkommunikation – zum Beispiel aufgrund eines Wohnorts, von dem aus kein Internetzugang hergestellt werden kann, oder aufgrund von ökonomischen Bedingungen, die zahlreiche Menschen von der Teilnahme aufgrund mangelnder finanzieller Möglichkeiten ausschließen – mit Informationsfreiheit und der Freiheit der Meinungsäußerung nicht mehr vereinbar ist. Was jeweils zu einer, menschenrechtlich gesehen, unzulässigen Ausschließung führt, hängt von der kulturellen Entwicklung selbst ab. Solange die Internetkommunikation nur für kleine Minderheiten der Weltgesellschaft möglich war, konnte der Zugang zum Internet noch kein Menschenrecht sein. Je bedeutsamer die Internetkommunikation im Vergleich zu anderen Medien der Kommunikation jedoch wird und je größer der Anteil derjenigen, die an dieser teilnehmen, desto deutlicher heißt Ausschluss von der Internetkommunikation zugleich Einbuße essenzieller Informations- und Kommunikationsmöglichkeiten. Die Möglichkeiten, sich Informationen kostenfrei zu besorgen (abgesehen vom Internetzugang selbst), geben dem Internet im Vergleich zu den meisten anderen Medien einen besonderen Status. Dies macht den Ausschluss von der Internetkommunikation gravierender. Wenn eine wachsene Anzahl von Personen einen Internetzugang hat, kann der Ausschluss vom Internetzugang zu einer Menschenrechtsverletzung werden. Dieser Zeitpunkt scheint nicht mehr fern zu sein.

Eine ganz andere Frage ist, ob das Internet als Kommunikationsmedium der Realisierung von Menschenrechten in der politischen Praxis förderlich ist oder nicht. Im Jahre 2001 kam die Studie der Carnegie-Stiftung für internationalen Frieden am Beispiel Kuba und

China zu einem negativen Ergebnis: Demnach können diktatorische Regime das Internet für ihre eigenen Zwecke nutzen, und die Möglichkeiten, es gegen solche Regime einzusetzen, seien gering. Zehn Jahre später wird man dies differenzierter beurteilen müssen. Spätestens nach dem Arabischen Frühling spricht vieles dafür, dass die Möglichkeiten, sich über das Internet zu informieren, zu kommunizieren, sich aber auch zu assoziieren, um zum Beispiel Demonstrationen abzuhalten, politisch von großer Wirksamkeit sein können. Selbst das geschmeidige und zugleich rücksichtslose Vorgehen der chinesischen Regierung gegenüber Dissidenten und ihren Kommunikations- und Assoziationspotenzialen im Internet hat eine begrenzte Wirkung. Die technischen Möglichkeiten, Internetsperrungen zu umgehen, sind derart zahlreich und die Möglichkeiten der Kontrolle derart schwach ausgeprägt, dass das Internet insgesamt betrachtet der Realisierung einer menschenrechtskonformen politischen und juridischen Praxis eher förderlich als hinderlich ist.

Auch wenn das Internet ungeahnte positive Veränderungen auslösen kann, dürfen seine Schattenseiten jedoch nicht vernachlässigt werden. Dazu gehört zunächst die Tatsache, dass ein hoher Einsatz digitaler Medien zwar die Fähigkeiten der Nutzung (messbar an der Verarbeitungsgeschwindigkeit pro Zeiteinheit) fördert, zugleich aber auch ein Überlastungssyndrom entstehen lässt. Dies macht verständlich, warum sich auch Angehörige der jüngeren Generation von Teilen der digitalen Medien und speziell der Internetkommunikation zeitweise oder sogar dauerhaft verabschieden. So gilt es bei manchen heute als avantgardistisch, ausschließlich über WhatsApp oder Facebook Messenger zu kommunizieren und alle anderen digitalen Kanäle zu verschließen. Und in der Bürokommunikation wird zum Beispiel empfohlen, die E-Mail-Kommunikation auf bestimmte Zeiten des Tages zu beschränken, die Alert-Funktionen (automatische Warn-, Weck-, Erinnerungsmeldungen) auszuschalten oder generell auf die verzögerte Beantwortung in Gestalt einer automatischen Antwort hinzuweisen, um Zeiten für Konzentration und Schonung der Nerven zu gewinnen.

Ein weiteres Probem liegt darin, dass private Daten von Internetnutzern fast unweigerlich an Internetgiganten geraten, welche diese wiederum an andere Firmen weitergeben, sprich: verkaufen. Die wohlfeile Empfehlung an die Nutzer, sie sollten doch mit ihren Daten sorgsamer umgehen, geht an den aktuellen Realitäten der Internetkommunikation vorbei. Für weite Bereiche der Weltgesellschaft gilt, dass die Nicht-Teilnahme an Social Media de facto kulturellen Ausschluss bedeutet, sodass der datenkritische Nutzer sein Recht auf informationelle Selbstbestimmung mit dem Ausschluss aus sozialen und kulturellen Gemeinschaften bezahlt. Die Errungenschaften der modernen, liberalen, auf individuellen Rechten und Partizipationsmöglichkeiten beruhenden Kultur wird rückabgewickelt, und die für die moderne Gesellschaft so zentrale Trennung des Öffentlichen und des Privaten als Voraussetzung der demokratischen Ordnung, wie sie sich zwischen dem 18. und 20. Jahrhundert entwickeln konnte, wird damit infrage gestellt.

Ein nicht zu verleugnendes Problem ist auch die kulturelle Regression, die nicht nur einzelne Erwachsene mit instabilem Charakter, sondern auch zunehmend Jugendliche und Kinder erfasst. Die Selfie-Kultur mit der typischen Geste des Hochhaltens des Handys, mit dem man sich selbst fotografiert, kann als eine Art Wiederauflage der Geste der mythologischen Figur des Narzissus gesehen werden, der von seinem Spiegelbild besessen war und dieses in der Wasserspiegelung eines Flusses suchte. In Untersuchungen wurde gezeigt, dass das Gehirn auf jedes »Like« mit einem Schuss Dopamin reagiert. Auch wenn sich Psychologen darüber streiten, ob soziale Medien Narzissten hervorbringen oder nicht, steht fest, dass narzisstisches Verhalten von Medien wie Instagram, Twitter, Snapchat und Facebook gefördert wird. Wie der Medienwissenschaftler Roberto Simanowski[55] schreibt, verbirgt sich hinter der narzissistischen Selbstvergewisserung über Selfies und andere Posts letztlich die Angst vor dem eigenen Erleben. Anstatt real in der Welt zu sein, begnügen wir uns mit einem Bild, das – wie der Literatur- und Medienphilosoph Roland Barthes[56] feststellt – zwar *beachtet*, aber nicht wirklich wahrgenommen wird.

Auch die Tatsache, dass Jugendliche, die viele Stunden ihres Tages mit möglichst realistisch gestalteten Videospielen zugange sind, psychische Auffälligkeiten entwickeln können, ist vielfältig belegt. Ein Sonderproblem stellen dabei Gewaltspiele dar. Es gibt eine auffällige Korrelation zwischen Schulmassakern und dem intensiven Aufenthalt in virtuellen Realitäten, die von Hass und Gewalt geprägt sind.[57] Diese sogenannten Ego-Shooter, also Computerspiele, in denen der Spieler im Spiel aus einer Ich-Perspektive agiert, haben ihren Ursprung in einem Desensibilisierungsprogramm der US-amerikanischen Streitkräfte, um die Tötungshemmung ihrer Soldaten zu mindern. In den kommerziellen Ego-Shootern kann sich der Spieler in eine Rolle grausamer Allmacht hineinfantasieren und damit die Standards der ethischen Kriterien von Rücksichtnahme, Mitleid und Respekt absenken.

Auch wenn sich glücklicherweise diese Auswirkungen nur bei einem geringen Prozentsatz der Intensivspieler zeigen und zu vermuten ist, dass gefährdete Jugendliche und junge Erwachsene schon vor dieser Form des Eintauchens in virtuelle Welten in hohem Maße labil waren, ist die Wahrscheinlichkeit, dass bestimmte Gewalttäter auch Intensivspieler sind, hoch. Tatsächlich scheint es einen Zusammenhang zwischen virtuellen Gewaltdarstellungen und den konkreten Ausprägungen realer Gewalt zu geben, sei es bei den beiden Amokläufern, die 1999 an der amerikanischen Columbine Highschool wahllos Menschen töteten und verletzten, bevor sie sich selbst umbrachten, oder auch beim deutschen Amokläufer aus Erfurt, der 2002 erst sechzehn Menschen und dann sich selbst erschoss. Aber nicht nur Videospiele, sondern auch die virtuelle Realität gewaltverherrlichender Filme beziehungsweise Filme, in denen Gewalt zu einem spirituellen Befreiungsakt stilisiert wird, haben in der Vergangenheit psychisch labile Menschen veranlasst, dem nachzueifern. So wie etwa John Hinckley jr., der, nachdem er den Film *Taxi Driver* (Regie: Martin Scorsese. USA, 1976) gesehen hatte, ein Attentat auf Präsident Reagan verübte.[58]

Ein weiteres Problem stellen öffentliche Zurschaustellungen von Mord, Totschlag und Grausamkeit auf »sozialen« Kanälen dar. Auch das lange als harmlos erachtete »Spiel« des Internetmobbings gehört dazu, das viele Jugendliche in die Verzweiflung und zuweilen in die Selbsttötung treibt. Mehrere US-amerikanische, aber auch europäische Filme haben dieses Thema aufgegriffen. So auch das im Jahre 2011 in den USA ausgestrahlte mehrteilige ABC-Familiendrama *Cyberbully* (Regie: Charles Binamé. USA, 2011). Die in Kanada gedrehte Serie thematisiert auf eindrückliche Weise, wie Jugendliche durch verleumderische Behauptungen im Internet in den Selbstmord getrieben werden können. Im Film ließen die Macher die Geschichte gut ausgehen: Die attackierten Jugendlichen werden in letzter Minute gerettet und erheben sich gemeinsam gegen ihre Peiniger. Die Macher des Films hatten sich zwar vorgenommen, einen Beitrag im Kampf gegen Cybermobbing zu leisten (»delete digital drama«) – gelungen ist es ihnen nicht. Ein Jahr nach Erscheinen des Films brachte sich die kanadische Schülerin Amanda Todd nach jahrelangem Cybermobbing um. Pessimistischer und möglicherweise realistischer porträtiert der mit dem deutschen Fernsehpreis ausgezeichnete Film *Homevideo* aus dem Jahre 2011 (Regie: Kilian Riedhof) das Problem des Cybermobbings: Der labile 15-jähriger Schüler wird so lange unter Einsatz von digitalen Medien gequält, bis er am Ende des Films Selbstmord begeht.

Vor einer solchen Verrohung warnt der Internetpionier Jaron Lanier. Lanier, der ehemals zu den glühendsten Verfechtern und Pionieren auf dem Gebiet der virtuellen Realität zählte, erläuterte in seiner Dankesrede zur Verleihung des Friedenspreises des deutschen Buchhandels 2014 in Frankfurt am Main, wie gefährlich gut das Internet dabei sei, Rudel zu bilden.[59]

Ähnlich desillusioniert äußert sich auch der deutsche Blogger Sascha Lobo, der im selben Jahr in einem Interview mit der *FAZ* feststellte, dass er sich in seiner Einschätzung des Internets geirrt habe und er dessen demokratiezersetzende Wirkung fürchte.[60] In der Tat gehen der Rückgang der Bedeutung traditioneller Massenmedien im Print-, TV- und Radiobereich und der wachsende Einfluss algorithmengesteuerter Informationskanäle mit einer Erosion geteilter, inklusiver politischer Öffentlichkeit einher. In entgleisten Wahlkampagnen, wie etwa derjenigen des US-Präsidentschaftswahlkampfes 2016/17 oder der innertürkischen Auseinandersetzung um die Verfassungsreform 2017, zerfallen die Akteure in Weltanschauungsgruppen, die durch Glaubenssätze zusammengehalten werden, sich wechselseitig aber nicht mehr verständigen können.

Der verständliche Wunsch, sich mit gleich oder ähnlich Gesinnten auszutauschen, führt, zusammen mit der von Algorithmen gesteuerten Bevorzugung eigener Interessen, bei den Datenangeboten zu einer Parzellierung der Kommunikation. Kommunikation findet dann innerhalb mehr oder weniger geschlossener Gruppen und Gemeinschaften statt, aber nicht mehr zwischen Mitgliedern unterschiedlicher Gruppen und Gemeinschaften. Da die Demokratie allerdings darauf angewiesen ist, dass es eine umfassende, die einzelnen religiös, weltanschaulich, ethnisch oder wie auch immer verfassten Gemeinschaften inkludierende Kommunikation gibt, können diese Tendenzen durchaus demokratiegefährdenden Charakter haben.[61] Zu hoffen ist, dass der Bedeutungsverlust seriöser traditioneller Medien und ihrer inklusiven und selektierenden und damit rationalisierenden Funktion von verlässlichen und möglichst universellen Kommunikationspraktiken im Internet der Zukunft kompensiert wird. In der Tat gibt es zahlreiche seriöse Diskussionsplattformen, die hoffen lassen, dass im Rahmen der Internetkommunikation zivile Formen des Meinungsaustausches zunehmend Einfluss gewinnen. Noch ist die Internetkommunikation nicht hinreichend inklusiv, um von einer über die Internetkommunikation etablierten Weltbürgerschaft sprechen zu können. Dennoch weist die jüngste Entwicklung einschließlich der zunehmenden Rolle von Social Media trotz aller Kommerzialisierung in diese Richtung.[62]

16

»Ich will mehr Informationen!«

Digitale Bildung

Der geistig zurückgebliebene Jobe wird in *Der Rasenmähermann* (Regie: Brett Leonard. USA, 1992) von Dr. Angelo gebeten, auf einem Stuhl im Hightech-Wissenschaftstrakt eines geheimen Militärgebäudes Platz zu nehmen. Schon seit Wochen befasst sich der Forscher mit seinem menschlichen »Versuchskaninchen« Jobe, einem Gärtnergehilfen, den er mithilfe von Virtual Reality geistig und körperlich weiterzuentwickeln versucht. Diesmal soll Jobe, der nie in die Schule gegangen ist, mit der neuen Computertechnologie Lerninhalte vermittelt bekommen. Nachdem Dr. Angelo sein Gehirn mit Elektroden an einen Computer angeschlossen hat, spielt er ihm nun verschiedene »Lern-CDs« vor. Dank chemischer Stimulation ist Jobe in der Lage, sich sämtliche Informationen innerhalb weniger Stunden merken zu können, so als sei sein Gehirn nichts anderes als eine große Festplatte. Jobe gerät in einen regelrechten Lernwahn.

»Ich will mehr Informationen!«, sagt er und verlangt nach mehr CDs. Dr. Angelo versucht, Jobe zu bremsen. Zu lernen bedeute nicht nur, passiv Wissen zu speichern, man brauche auch Zeit, über das Gelernte nachzudenken, darüber zu reflektieren, aber Jobe ist nicht dieser Meinung.

»Der Mensch«, so wird Dr. Angelo später sagen, »ist zwar dank der neuen Technologien in der Lage, sich um ein Tausendfaches schneller zu entwickeln, aber man muss Weisheit walten lassen und diese Revolution mäßigen.«

In Deutschland beklagen viele eine »digitale Spaltung« (siehe 15. Kapitel). So beklagte sich ICILS-Studienleiterin Birgit Eickelmann bereits 2014 in einem Interview mit der *FAZ*[63] darüber, dass zu viele Kinder nicht in der Lage seien, eigenständig mit dem Computer zu arbeiten, Präsentationen und Dokumente zu erstellen und wir aus diesem Grund »in Deutschland international an verschiedenen Stellen den Anschluss verloren haben«. Sie fordert eine verbesserte digitale Bildung, unter der die Vermittlung von Medienkompetenzen und der Umgang mit neuen Technologien verstanden werden. In diesem Sinne hat das Bundesministerium im Jahr 2016 die »Bildungsoffensive für die digitale Wissensgesellschaft« ins Leben gerufen, die das Lernen mit digitalen Medien und die Vermittlung von digitalen Kompetenzen fördern soll. Neue Lern-Apps, virtuelle Bibiotheken oder VR-Brillen sollen verstärkt in Klassenzimmern, Hörsälen und Betrieben eingesetzt werden.

Diese Formen einer digitalen Bildungsoffensive aber kranken daran, dass ihre Ziele vage bleiben und lediglich der Umgang mit den Technologien, der für die jüngeren Generationen ohnehin selbstverständlich ist, in den Mittelpunkt rückt. Mit der dann grotesken Folge, dass *Digital Immigrants* die *Digital Natives* in einer Sprache unterrichten, die sie mühsam gelernt haben, während die Lernenden sie von Kindesbeinen an spielerisch beherrschen.

Zweifellos gibt es dramatische Wissens- und Kompetenzdefizite auch bei den *Digital Natives*. Die Beherrschung von Programmiersprachen ist eher typisch für die Generation der *Digital Pioneers* der heute Fünfzig- bis Siebzigjährigen. Mit der zunehmenden Perfektion und Komplexität der kommerziellen Angebote digitaler Produkte (insbesondere Apps) sind allerdings die Möglichkeiten der eigenen Fortentwicklung angebotener Softwaresysteme für Amateure deutlich zurückgegangen. Zugleich ist die Benutzerfreundlichkeit dieser Produkte derart hoch entwickelt, dass der Unwille der Jüngeren, sich mit Verbesserungsmöglichkeiten auseinanderzusetzen, nachvollziehbar ist. Hier wiederholt sich eine Entwicklung, die man von weit älteren Entwicklungen kennt: So war es in den ersten Jahrzehnten der Automobilisierung durchaus wünschenswert (und manchmal überlebensnotwendig), sich mit der Technik so weit auszukennen, dass man selbst im Falle eines Motor- oder Kupplungsversagens intervenieren konnte. Heute beschränken sich zunehmend auch die lizenzierten Kfz-Werkstätten darauf, Teile auszutauschen – Reparatur ist oft nicht mehr sinnvoll, manchmal nicht einmal mehr möglich. Der heutige Automobilist muss also von der Technik, der er sich anvertraut, nichts mehr verstehen. Es würde ihm in der Praxis kaum weiterhelfen.

Im Falle der digitalen Technologien ist zudem die Veränderung der Produkte derart rasant, dass einmal erworbenes Nutzerwissen permanent erneuert werden muss und daher als Schulstoff wenig geeignet ist. Wenn die Charakterisierung von Wilhelm von Humboldt heute noch zutrifft, dass Schulwissen einen kanonischen Charakter hat – im Gegensatz zu wissenschaftlichem, forschungsorientiertem Wissen –, dann gehört die Einübung des Umgangs mit digitalen Produkten nicht zum sinnvollen Schulstoff. Was also könnte digitale Bildung sein? Beziehungsweise: Auf welche Ziele (Wissen und Kompetenzen) ist diese auszurichten?

Lebensweltliches und nicht-lebensweltliches Orientierungswissen

Unter Orientierungswissen verstehen wir die Kenntnisse, die erforderlich sind, um sich in bestimmten Bereichen kohärent entscheiden zu können. Der Kern dieses Orientierungswissens ist in der Lebenswelt verankert. So lernen wir vor und unabhängig von schulischer Bildung frühzeitig das Verhalten, die Mimik, die Gestik, die Stimme etc. eines Menschen als Ausdruck seiner emotiven Einstellung, seiner Wünsche, Ängste, Hoffnungen und seiner Überzeugungen empirischer und moralischer Art zu interpretieren. Die gesamte alltägliche Interaktion zwischen Menschen beruht auf der Verlässlichkeit dessen, was im Amerikanischen als »folk psychology« bezeichnet wird. Diese Art der Alltagspsychologie wird durch die Psychologie als Wissenschaft nicht obsolet, vielmehr muss die Psychologie mit unserem lebensweltlichen Orientierungswissen verträglich sein. Sie hat darin ihre Bewährungsinstanz.

Folk psychology wird durch die Digitalisierung eines Teils unserer Kommunikation nicht entwertet. Im Gegenteil: Die Äußerungen und Verhaltensweisen von Menschen – auch wenn sie digital vermittelt sind –

richtig zu deuten wird zu einer Bedingung gelingender Interaktion und Kommunikation (nicht nur im World Wide Web). Eine besondere Problematik liegt darin, dass diese Fähigkeit, Verhaltensäußerungen als Ausdruck von Absichten und Überzeugungen zu interpretieren, ausgenutzt wird, um Pseudo-Akteure wirken zu lassen. Der Einsatz von zahlreichen Bots etwa in Wahlkampagnen ist hierfür ein Beispiel (siehe 14. Kapitel). Je perfekter die Simulation menschlicher Verhaltensweisen und Gefühlsäußerungen, desto schwieriger wird es, zwischen digitaler Simulation und menschlicher Intentionalität zu unterscheiden. Die Herausforderung der folk psychology wird also durch die Digitalisierung größer, nicht geringer. Digitale Techniken mögen in der Wissenschaft die psychologische Forschung erleichtern, sie können aber Empathie und Sensibilität nicht ersetzen. Dies hängt auch damit zusammen, dass die Interpretation des Verhaltens eines Menschen nicht in erster Linie ein kognitiver Prozess ist, wie die psychologische Forschung in den letzten Jahrzehnten zweifellos deutlich gemacht hat.

Es ist ein Irrtum anzunehmen, dass Orientierungswissen auf den lebensweltlichen Bereich beschränkt ist. Physikalische Erkenntnisse und Modelle ermöglichen eine mehr oder weniger verlässliche Vorhersage von Wetterbedingungen und sind über allgemein verfügbare Apps in das Alltagswissen eingedrungen. Psychologische Forschungsergebnisse ermöglichen therapeutische Praktiken, und auch hier ist der Übergang zur lebensweltlichen Praxis fließend. Die beliebte Empfehlung aus der Beratungsliteratur, bei Beziehungskrisen eine Liste mit positiven Eigenschaften des Partners beziehungsweise der Partnerin anzulegen, stammt beispielsweise aus der wissenschaftlichen Psychologie. Es ließen sich zahlreiche weitere Zusammenhänge zwischen wissenschaftlicher Forschung, wissenschaftlich gebundenem und lebensweltlich entgrenztem Orientierungswissen anführen.

Fachwissen

Durch die Digitalisierung ändern sich die Verfügbarkeit und die Archivierung von Datenbeständen. Weite Bereiche der Geisteswissenschaften, der historischen und philologischen Forschung (Quellen, Texte, Interpretationen) sind in zunehmendem Umfang allgemein verfügbar. Die zuvor aufwendigen Recherchen und Reisetätigkeiten, aber auch stundenlange Aufenthalte in Spezialbibliotheken sind heute in vielen Fällen überflüssig. Die vollständige Digitalisierung von Museumsbeständen, die gegenwärtig auf den Weg gebracht wird, aber auch die digitale Dokumentationspflicht in den Wissenschaften wird diese Situation weiter verbessern. Da der zeitliche und finanzielle Aufwand zur Datenakquise sinkt, wird diese Form akkumulierten Wissens entwertet. Damit wird Methodenkenntnis wichtiger als Datenkenntnis. In den Studiengängen schlägt sich dies schon heute dahingehend nieder, dass ganze Wissensbereiche als entbehrlich betrachtet und durch Methodentraining ersetzt werden.

So sinnvoll diese Akzentverschiebung im Hochschulbereich ist, damit ist aber auch eine Gefahr verbunden, nämlich die des Verlustes fachlicher Kompetenz. Die Einschätzung, dass diese Fachlichkeit durch die Digitalisierung ihren Wert verliert, ist zumindest fragwürdig. Es könnte sogar ein böses Erwachen aus den digitalen Träumen geben. Der vermeintliche Rückgang der Attraktivität der beruflichen Bildung wird immer noch häufig mit diesem Trend erklärt: Diese Ausbildungsgänge seien zu sehr auf eine spezifische Fachlichkeit und überkommene Wissensbestände festgelegt. Allein der Fächerkanon der unterschiedlichen universitären Studiengänge ist ein Zeugnis davon, dass von den Hochschulleitungen über Jahre kreative Studiengänge gefordert wurden, mit der Folge, dass inzwischen über 10000 unterschiedliche akademische Abschlüsse an Universitäten und Fachoberschulen angeboten werden, von denen nicht immer klar ist, welche fachlichen Kompetenzen sie jeweils vermitteln. Die alte Klage, dass mit 350 unterschiedlichen Berufsbildungsgängen ein allzu spezialisiertes Überangebot existiere, hat sich angesichts der Entwickung der akademischen Bildung verflüchtigt. Immerhin ist in den Bachelor-Studiengängen eine Trendwende »back to basics« zu erkennen. Die Zeit der blühenden Vielfalt und der Abwertung von fachlicher Kompetenz scheint wieder vorüber zu sein.

Kanon als gemeinsames Hintergrundwissen

Wie kann es sein, dass nicht nur Methodenkenntnisse, sondern auch Fachwissen ihren Wert auch in Zeiten kostenloser Verfügbarkeit aller nur denkbaren Datenbestände behalten? Um das zu verstehen, muss man sich vor Augen führen, welche Rolle gemeinsames Hintergrundwissen für die Kommunikation hat. Damit wir uns verständigen können, ist es nicht nur erforderlich, dass wir unsere Argumente nach einer im Wesentlichen gleichen Logik entwicklen, sondern auch, dass wir uns auf gemeinsame, unumstrittene Überzeugungen (Sachverhalte) beziehen können. Um beurteilen zu können, was erst noch zu klären ist und auf welchem Wege es gegebenenfalls zu klären ist, muss man schon einen gediegenen Bestand an Kenntnissen und Erfahrungen mitbringen. Alles andere gliche einem Stochern im Nebel. In der Tat haben zahlreiche Internetrecherchen gerade diesen Charakter. Dabei können zufällig neue, interessante Aspekte bewusst werden, Daten, nach denen man gar nicht gesucht hat, können sich als relevant darstellen, es kann Literatur auftauchen, deren Existenz man nicht erwartet hatte – aber zugleich verlieren sich viele solcher Recherchen in der Vielfalt von Angeboten im Internet, wenn sie nicht von einer soliden fachlichen Kompetenz geleitet sind.

Ganz unabhängig von der Digitalisierung menschlicher Wissensbestände wurde aus anderen bildungstheoretischen Gründen die Verabschiedung von der Idee kanonischen Wissens gefordert, vor allem in den USA und anderen multikulturell verfassten Gesellschaften. Gegen die Idee eines Wissenskanons, der Bildung allgemein und auf spezifische Gebiete fokussiert, wurden die Vielfalt der Bildungstraditionen und ihre unterschiedlichen Bewertungen ins Feld geführt und die Sorge geäußert, dass jede Kanonisierung das, was nicht zum Kanon gehört, marginalisiert und entwertet. Insbesondere das US-amerikanische Highschoolwesen ist entsprechend zurückhaltend mit curricularen Vorgaben. Aber auch aus der Perspektive der Emanzipation durch Bildung wurde kanonisches Wissen als kulturelle Schranke für den sozialen Aufstieg kritisiert.

Auch aus Genderperspektive wurde bemängelt, dass es vor allem weiße alte (und tote) Männer seien, die den Wissenskanon prägen und dominieren.

So bedenkenswert diese Einwände sind: Wenn daraus der Schluss gezogen wird, man könne auf kanonisches Wissen verzichten, ist das ein bildungstheoretischer Irrtum. Ohne ein gemeinsames Hintergrundwissen, ohne geteilte Überzeugungen, die keiner näheren Rechtfertigung bedürfen und den Realitätstest bestanden haben, lassen sich auch Dissense und kulturelle Differenzen nicht diskutieren. Man kann die Rolle des Kanons in Analogie zur Rolle lebensweltlichen Wissens in unserer Alltagspraxis charakterisieren. So wie wir in unserer Alltagspraxis auf die gemeinsamen Zuschreibungen emotiver und kognitiver Einstellungen (Gefühle und Überzeugungen) zurückgreifen, so erfordert die Verständigung in bestimmten Disziplinen oder Berufspraktiken gemeinsames, unbestrittenes fachliches Wissen und Kompetenzen. Auch wenn die Auswahl des Kanons im jeweiligen Fall zwangsläufig willkürlich ist, so ist dieser doch in der Praxis der Verständigung und der Interaktion unverzichtbar. Fachlichkeit wird durch Digitalisierung nicht obsolet.[64]

Urteilskraft

In gut sortierten universitären Bibliotheken wird viel Arbeit darauf verwendet, die Bestände so zu sortieren, dass der Zugriff auf das jeweils Einschlägige gefördert wird. Die Anordnung der Bibliotheksbestände ist selbst das Ergebnis einer eigenen wissenschaftlichen Kompetenz, der Bibliothekswissenschaft. Auch die

Organisation wissenschaftlicher Publikationen über Buchreihen und Zeitschriften folgt dem Muster der strengen Selektion und Sortierung durch fachliche Kompetenz. Diese Vorstrukturierung geht im World Wide Web wieder verloren. Die Verknüpfungen folgen im Wesentlichen der statistischen Verteilung des Nutzerverhaltens und reproduzieren damit assoziative Verkettungen, deren systematische Aussagekraft oft genug äußerst gering ist. Die Suchmaschinen, die ihre Algorithmen nicht offenlegen, verunklaren die Situation zusätzlich durch die Berücksichtigung kommerzieller Interessen. Die kürzlich erfolgte Aufgabe des Netzneutralitätsgebots[65] durch die US-Regierung wird den Einfluss kommerzieller Interessen auf die Strukturierung der Daten weiter verstärken.

Durch die Digitalisierung der Datenbereitstellung entfallen zahlreiche »Gatekeeper«, also Pförtnerfunktionen, wie sie etwa Bibliothekare, Verlagslektoren, Zeitschriften-Reviewer, Zeitungs-, TV- oder Rundfunkredaktionen innehaben. Dies bedeutet, dass die eigenständige Urteilskraft zunehmend gefordert ist. Datenbereitstellung ersetzt nicht die Fähigkeit, Daten zu beurteilen und zu prüfen, ob diese zuverlässig sind und welche Argumente sich auf diese stützen lassen.

Das World Wide Web konfrontiert uns mit einer weitaus größeren Vielfalt von Interpretationen, Thesen, Theorien und Ideologien. Die Meinungsbildung wird daher anspruchsvoller. Das alte humanistische Bildungsideal, wie es im *Theaitetos*-Dialog von Platon vor 2500 Jahren formuliert wurde, wird dadurch massiv aufgewertet. Menschen, die dazu tendieren, suggestiv formulierten Überzeugungen zu folgen oder sich von unbequemen Tatsachen abzuschirmen, werden im neuen digitalen Datenuniversum rasch die Orientierung verlieren. Sie schließen sich in den »Bubbles« ein, die insbesondere Social Media zur Verfügung stellen, oder taumeln von unterschiedlichen Einflüssen hin- und hergetrieben durch die Datenwelt.

Wir leben infolge der Digitalisierung nicht in einer Wissensgesellschaft, sondern allenfalls in einer Datengesellschaft, oder besser: in einer Datenökonomie. Die Verfügbarkeit von Daten, die die Kaufpräferenzen und Verhaltensweisen von Individuen charakterisieren, verbunden mit einem Zugang zu diesen über soziale Medien oder andere Kommunikationskanäle, ist zu einem erfolgreichen Geschäftsmodell geworden, das Internetgiganten finanziert, deren marktbeherrschende Stelllung sie de facto zu einem wesentlichen Teil der Infrastruktur von Kommunikationsdaten, Dienstleistungs- und Warenströmen gemacht hat. Diese Big-Data-Ökonomie, deren beste Zeit möglicherweise erst mit dem Ausbau des hochautomatisierten Individualverkehrs kommen wird, ist deswegen keine Wissensgesellschaft, weil Wissen aus begründeten und wahren Überzeugungen besteht. Wissen verlangt Urteilskraft. Erst die Bewertung, Einordnung und Interpretation von Daten kann Wissen konstituieren. Die große Herausforderung der Bildung in Zeiten der Digitalisierung besteht darin, den aktuellen Trend zur Datenökonomie in eine Entwicklung zur Wissensgesellschaft zu transformieren.

Ist aber nicht wenigstens das zentrale Ziel des Humanismus, nämlich die Persönlichkeitsbildung,[66] in Zeiten der Digitalisierung obsolet geworden? Die Antwort muss zweifellos lauten: nein, im Gegenteil. Persönlichkeitsbildung ist heute aktueller denn je, und ihre Bedeutung wird durch die Digitalisierung unserer Kommunikationen und Interaktionen, Transfers von Daten und Dienstleistungen und ihrer Produktion (Stichwort: Industrie 4.0) weiter zunehmen.

Der Grund dafür liegt auf der Hand: Je vielfältiger, volatiler und unübersichtlicher personale Bindungen, Gemeinschaftsbildungen und Lebensformen werden, desto stärker wachsen die Ansprüche an die individuelle Fähigkeit, Autoren und Autorinnen der eigenen Entscheidungen, Überzeugungen und Projekte zu sein. Die digitalen Möglichkeiten schaffen neue Freiheitsspielräume, lösen eine gewaltige Veränderungsdynamik nicht nur ökonomischer, sondern auch kultureller Verhältnisse aus, stärken von daher auch die Autonomiepotenziale der Individuen und setzen diese zugleich unter den permanenten Stress eines wachsenden Orientierungsbedarfes.

In den digitalen Lebenswelten der Zukunft ist Ich-Stärke so sehr wie nie zuvor in der Menschheitsgeschichte gefordert. Darauf muss sich das Bildungssystem einstellen. Die Vermittlung von Wissen und Kompetenzen hat dem höchsten Ziel, der Stärkung der Persönlichkeit der Heranwachsenden, zu dienen. Nicht die passive Aufnahme vorgefertigten Stoffes, sondern die aktive Bewältigung komplexer Urteile und Entscheidungsstrukturen muss im Mittelpunkt stehen.

Der aktuelle Trend zur Normierung, zur Beschleunigung des Unterrichts und zur Verschulung des tertiären Bildungsbereichs geht jedoch in die entgegengesetzte Richtung: Die Zeiten für Reflexion werden knapp, die Stofffülle zwingt zur passiven Rezeption, die sozialen und ethischen Kompetenzen, aber auch die künstlerischen und gestalterischen, die handwerklichen und die technischen verkümmern. Die Einheit der Person, der Respekt vor dem menschlichen Individuum mit seinen unterschiedlichen Facetten, Begabungen, Interessen und Fähigkeiten erfahren nicht die nötige Aufmerksamkeit. Im Idealfall findet das Kind, die Jugendliche, der junge Erwachsene auf dem Bildungsweg sich selbst. Nicht, indem sie allein möglichst viel Wissen in sich aufnehmen wie der Rasenmähermann Jobe, sondern indem sie aufgrund eigener Entscheidungen die Gestaltungsspielräume nutzen und in oft schmerzlichen Prozessen von Versuch und Irrtum die Persönlichkeit reifen lassen. Digitale Technologien können im schulischen Unterricht diesen Prozess der Persönlichkeitsbildung unterstützen. Kompetent eingesetzt, sind sie durchaus geeignet, die gestalterischen Fähigkeiten zu fördern und Wissenszusammenhänge herzustellen, die im parzellierten Schulunterricht wegen der Fächergrenzen ausgeschlossen sind.[67]

Nach dem Crashkurs, den Jobe mithilfe digitaler Medien bekommen hat, ist sein Kopf nun prall mit Daten und Informationen gefüllt. Allerdings fühlt er sich nicht besonders gut dabei. Zuerst leidet er an Kopfschmerzen, dann an Wahnvorstellungen: Er kann immer weniger zwischen der realen und der virtuellen Welt unterscheiden und mutiert zu einem despotischen Tyrannen. Er besitzt kein verlässliches Orientierungswissen. Es mangelt ihm deutlich an Empathie und Sensibilität, und er ist weit davon entfernt, eine reife Persönlichkeit zu sein. Das einzige wirklich fundierte Fachwissen, das er besitzt, ist das Wissen darum, wie man Rasen mäht – also das Wissen aus seinem Job, den er vor dem digitalen Brainwashing ausgeübt hat. Auch alles, was er an Orientierungswissen hat, ist das des Rasenmähens. Entsprechend brutal – wie ein Rasenmäher eben – geht er mit seiner Macht um. Er möchte die Welt und die Menschen sozusagen niedermähen und kleinhalten. Sein Ziel ist es, die Welt in eine uniforme digitale Welt zu überführen, die er kontrollieren kann.

Die Informationen, die Jobe angehäuft hat, haben ihn nicht zu einem besseren Menschen gemacht, sondern zu einem deutlich schlechteren, zu einem Menschen, dem jeder moralische Kompass abhandengekommen ist. Hätte er seine Informationen in Maßen erhalten und mit genügend Zeit für Reflexion, wäre möglicherweise alles anders gekommen. Eine unkontrollierte digitalisierte Bildung, die nur auf die blinde Anhäufung von Informationen setzt, auf Quantität statt Qualität, und nicht darauf achtet, Orientierungswissen, Fachwissen sowie Urteilskraft und Persönlichkeitsbildung zu fördern, muss – das macht der Film sehr deutlich – grandios scheitern.

17

»Was ist, wenn die Demokratie gar nicht mehr existiert?«

Die Utopie der *Liquid Democracy*

»Was ist, wenn die Demokratie, der wir zu dienen glauben, gar nicht mehr existiert … ? Und die Republik eben zu jenem Bösen geworden ist, das wir bekämpfen wollen?« Das sagt die schöne Padmé, ehemalige Königin und jetzt Senatorin im galaktischen Senat zu dem jungen Anakin Skywalker in *Star Wars: Die Rache der Sith* (Regie: George Lucas. USA, 2005). In der Tat ist die politische Lage in der Welt in diesem Film recht unübersichtlich geworden. Überall im Weltall herrscht Krieg, Jedi-Ritter kämpfen gegen Klonkrieger, und der Kanzler der galaktischen Republik will eigentlich nichts sehnlicher, als diese Republik zerschlagen, um sich selbst als Alleinherrscher einzusetzen. Gegen Ende des Films ruft er im Repräsentantenhaus das Ende der Republik aus. In einer unübersichtlich gewordenen Welt, so argumentiert er, kann nur ein faschistisches System für Ordnung sorgen. So ruft er sogleich die »erste galaktische Ordnung« aus. Alle demokratisch gewählten Repräsentanten applaudieren begeistert. »Und so geht die Freiheit zugrunde … mit donnerndem Applaus«, kommentiert Padmé sarkastisch.

Das Thema der zerstörten oder dysfunktionalen Demokratie ist eines, das in vielen Sci-Fi-Filmen eine Rolle spielt, was die insgeheime Angst vieler Bürger vor dem Versagen unseres demokratischen Systems widerspiegelt. Gerade in unserer Zeit haben diese Ängste besonders zugenommen. Viele Bürger befürchten, dass sich klassische Abstimmungssituationen der Demokratie aufgrund einer zu komplex gewordenen Bevölkerungsstruktur nicht mehr herstellen lassen. Eine Idee, wie dieses Problem zu lösen sein könnte, ist die der sogenannten *Liquid Democracy*.

In einem kurzen, simpel animierten Infovideo[68] auf YouTube wird alles in nicht einmal vier Minuten schön erklärt: Ein paar Strichmännchen stehen auf einer freien Fläche, dem Marktplatz in Athen, wie uns der Sprecher erklärt. »Dort durfte jeder, der wahlberechtigt war, reden. Die Versammlung diskutierte Lösungsansätze und stellte sie schließlich zur Abstimmung. Jeder Bürger hatte eine Stimme. So wird aus den Gesprächen auf dem Marktplatz Politik.«

Heute aber, so heißt es im Video weiter, lässt sich diese Abstimmungssituation einer direkten Demokratie nicht mehr herstellen: Der Staat hat zu viele Bürger, die Bevölkerungsstruktur ist sehr komplex geworden, und viele Bürger trauen sich politische Entscheidungen nicht zu. Das Problem unserer repräsentativen Demokratie, so der Sprecher, liegt auf der Hand: Die Bürger können abseits der Wahlen keinen oder kaum direkten Einfuss auf die Politik nehmen, eigene Lösungsansätze einbringen oder bei anstehenden Entscheidungen gar selbst mit abstimmen.

In der nächsten Sequenz preist der Sprecher eine neue Idee an: *Liquid Democracy*[69]. »Flüssige Demokratie« soll eine Teilhabe an politischen Entscheidungen mithilfe einer Internetsoftware ermöglichen. Das Prinzip dabei ist, dass es bei jeder Entscheidung möglich ist, seine Stimme an einen Repräsentanten abzugeben (auch *Delegated Voting* genannt) oder aber selbst zu entscheiden. »Dieser flüssige Wechsel zwischen repräsentativer Demokratie und direkter Demokratie ist das Konzept der *Liquid Democracy*, heißt es im Video kurz und knapp, während im Hintergrund fröhliche Musik zu hören ist.

Die Idee der *Liqud Democracy* erlangte in Deutschland vor allem Prominenz durch den kurzfristigen Aufstieg der Piratenpartei, deren Verteter Jan Huwald 2007 dafür plädierte, *Liquid Democracy* als Alternative zu bestehenden Parlamenten zu sehen.[70] Tatsächlich gibt es ein weitverbreitetes Unbehagen angesichts der als unzureichend empfundenen Partizipation der Bürgerschaft. Linke und rechte populistische Strömungen haben mit der These mobilisiert, dass abgehobene Eliten das Land regierten, während die Meinungen der einfachen Bürgerinnen und Bürger kein Gewicht mehr hätten – teilweise recht erfolgreich, wie in der Brexit-Kampagne oder im Präsidentschaftswahlkampf Donald Trumps.

Dieses Unbehagen hat eine lange Vorgeschichte und einen bedeutenden klassischen Kronzeugen, nämlich den Philosophen der Aufklärung und Wegbereiter der Französischen Revolution Jean-Jacques Rousseau. Für Rousseau ist es von zentraler Bedeutung, dass Bürger sich gemeinsam in Versammlungen beraten, um am Ende (im Idealfall) ein einstimmiges Votum abzugeben. Die gemeinsam erarbeiteten Ziele bezeichnet er als *volonté générale*, den allgemeinen Willen. Nur so, meint Rousseau, könne die ursprüngliche Freiheit des Einzelnen wiederhergestellt werden. Diese ursprüngliche Freiheit stellte sich Rousseau als die eines Waldmenschen vor, der auf sich gestellt sein Leben fristet, ohne von anderen unterdrückt zu werden oder auf andere Rücksicht nehmen zu müssen. In der modernen Zivilisation aber sind wir auf Kooperation und Gemeinschaft angewiesen, und daher lässt sich die ursprüngliche Freiheit, die Regeln, nach denen man lebt, selbst zu bestimmen, nur dadurch wiederherstellen, dass man in der Gemeinschaft der Citoyens, der Bürger einer Republik, sich die Regeln einhellig gibt, die für alle gleichermaßen gelten. Jeder Zusammenschluss von Privatinteressen in Gestalt von Interessengruppen, Lobbyismus oder Parteien wäre, so Rousseau, verderblich, weil dies den sittlichen Charakter der Republik bedrohen würde. Sittlich deswegen, weil die Bereitschaft, den Gemeinwillen zu eruieren und diesem zu folgen, verlangt, dass man sich von seinen Privatinteressen distanziert und diese lediglich als einen von vielen Bestimmungsgründen des gemeinsamen Interesses ansieht.

Die Einwände gegen dieses republikanische Verständnis von Demokratie, die Rousseau'sche Utopie des *volonté générale*, liegen auf der Hand. Wie soll sich eine millionenstarke Bürgerschaft auf einer Versammlung einfinden? Wie kann verhindert werden, dass sich Gruppen mit gemeinsamen Interessen zusammenschließen und Fraktionen, Parteien, Lobbygruppen bilden? Vor allem aber: Wie kann sichergestellt werden, dass jede Stimme, jede Meinung bei der Bestimmung des Gemeinwillens gleichermaßen beachtet wird? Wie kann in der Massendemokratie überhaupt erreicht werden, dass komplexe Fragestellungen, auf die die Gesetzgebung zu reagieren hat, allen am Meinungsbildungsprozess Beteiligten vertraut sind? Unter den traditionellen Bedingungen der Demokratie, wie sie noch bis vor Kurzem bestanden, ist die Rousseau'sche Idee der Republik, oder allgemeiner: die Idee einer direkten, unmittelbaren Demokratie, einer politischen Meinungsbildung unter Einschluss aller nicht realisierbar.

Die Potenziale digitaler Kommunikation, und speziell der Internetkommunikation, sowie der Einsatz komplexer Software zur Steuerung von Meinungsbildung und Entscheidungsfindung wie *Liquid Democracy* haben diese Einwände gegen eine republikanische Form der Demokratie obsolet gemacht.[71] Digitale Plattformen scheinen auf den ersten Blick eine hervorragende Möglichkeit für die Eruierug eines solchen Gemeinwillens zu sein und die Demokratie durch eine Ausweitung von Beteiligungsmöglichkeiten zu stärken. Von daher ist es gut verständlich, dass die alten republikanischen Ideale gegenwärtig eine Renaissance erleben und die umständlichen, mehrstufigen, institutionell gefassten Verfahren der politischen Entscheidungsfindung in der parlamentarischen, repräsentativen, rechtsstaatlich verfassten Demokratie unter Druck setzen. Von links wird dieser Druck in Gestalt von Initiativen, Petitionsplattformen, Social-Media-Gruppen, also in Gestalt eines neuen bürgerschaftlichen Engagements ausgeübt und von rechts in Gestalt der Emotionalisierung der politischen Meinungsbildung und der Entwertung wissenschaftlicher Expertise. Diese Charakterisierungen vergröbern allerdings die Situation. Auch links im politischen Spektrum gibt es einen Populismus, der von wissenschaftlichen Argumenten keine Kenntnis nimmt und auf Emotionalisierung setzt. Und natürlich gibt es auch rechts im politischen Spektrum Verteidiger der wissenschaftlichen Rationalität.

Es spricht in der Tat viel dafür, die neuen technologischen Möglichkeiten der Digitalisierung und des Internets zu nutzen, um die demokratische Meinungsbildung inklusiver und substanzieller zu gestalten.[72] Inklusiver, indem alle Bevölkerungsgruppen einbezogen werden, und substanzieller insofern, als die leichte Verfügbarkeit von Informationen durch die Digitalisierung genutzt wird.[73] Leider wird die Utopie der digitalen Republik[74] in dieser Weise nie realisiert werden können. Drei Theoreme zeigen auf, warum.

Zunächst das »Problem der zyklischen Mehrheiten« von Condorcet (auch »Condorcet-Paradoxon«), dann das »Unmöglichkeitstheorem« von Kenneth Arrow und schließlich das »Manipulations- beziehungsweise Strategiefreiheitstheorem« von Allan Gibbard und Mark Satterthwaite. Obwohl all diese Theoreme bereits vor geraumer Zeit bewiesen wurden (Arrow 1951, Gibbard/Satterthwaite 1973 und Condorcet bereits 1785), sind sie in das allgemeine Bewusstsein jenseits von Spezialistenkreisen nicht vorgedrungen. Das gilt sogar für die einschlägige Disziplin, die Politikwissenschaft. Dies liegt wohl vor allem daran, dass die demokratietheoretischen Folgerungen, die sich aus diesen Theoremen für die politische Praxis ergeben, nicht zureichend geklärt worden sind.

Condorcets Paradoxon lässt sich folgendermaßen beschreiben: A, B und C stehen für drei Fraktionen im Parlament. Für jede gilt, dass keine auf sich allein gestellt eine Mehrheit bilden kann. Nur zwei Fraktionen zusammen können eine Mehrheit bilden. Es erfolgt eine Abstimmung, die der einfachen, binären Mehrheitsregel gehorcht, das heißt: Eine Alternative ist genau dann gewählt, wenn sie mehr Stimmen auf sich vereint als andere Alternativen. Nehmen wir an, es solle nun über drei Alternativen X, Y, Z abgestimmt werden (z. B. Kanzlerkandidaten oder Gesetzentwürfe). Wenn man nun in alphabetischer Reihenfolge abstimmt, also zunächst X gegen Y antreten lässt, gewinnt X in einer Koalition von A und B. Dann bleibt noch die Abstimmung zwischen X und Z, diese gewinnt Z in einer Koalition von B und C. Hier wäre normalerweise die Abstimmung beendet. Allerdings ergibt eine Probeabstimmung, dass sich Y gegenüber Z durchgesetzt hätte (siehe Abb. 12). Damit ist die sogenannte Transitivitätsbedingung verletzt. Diese verlangt, dass, wann immer eine Alternative X gegenüber Y vorgezogen wird und zugleich eine Alternative Y gegenüber Z, auch X gegenüber Z vorgezogen wird. Allein die Reihenfolge der Abstimmung ist hier entscheidend. Dies bedeutet, dass ein Versammlungsleiter allein durch die Wahl einer bestimmten Abstimmungsfolge bewirken kann, dass die von ihm bevorzugte Alternative gewählt wird. Dieses Phänomen nennt man *Manipulationsanfälligkeit*.

A	B	C
X	Z	Y
Y	X	Z
Z	Y	X

[12] Das Condorcet-Paradoxon

Nun könnte man vermuten, dass solche zyklischen Ergebnisse von Abstimmungen äußerst selten sind. Tatsächlich aber steigt die Wahrscheinlichkeit zyklischer Abstimmungsergebnisse mit der Zahl der Entscheidungsbeteiligten und der Zahl der Alternativen. Ein ziemlicher Schlag für das Ideal des demokratischen Abstimmungsprozesses! Aber es kommt noch schlimmer. Rund 170 Jahre nach Condorcet beweist der US-amerikanische Ökonom Kenneth Arrow, dass es nicht möglich ist, in einem Verfahren kollektiver Entscheidungsfindung vier jeweils unverzichtbare Bedingungen kollektiver und demokratischer Rationalität zu erfüllen.

Die erste Bedingung nennt er »D« für *non-dictatorship*. Dies bedeutet: Es darf nicht eine einzelne Person geben, die unabhängig davon, wie die Präferenzen der anderen sind, das Ergebnis kollektiver Entscheidungen festlegt.

Die zweite Bedingung nennt Arrow »P« für *Pareto efficiency*. Dieses auf den italienischen Wissenschaftler Vilfredo Pareto zurückgehende Postulat verlangt, dass gemeinsame Präferenzen aller realisiert werden, was in der Anwendung auf kollektive Entscheidungen bedeutet, dass das Einstimmigkeitsprinzip gilt: Wenn alle an der Entscheidung Beteiligten X gegenüber Y vorziehen, dann sollte sich das im Ergebnis der Abstimmung niederschlagen. So kann es zum Beispiel nicht sein, dass in einem Gremium, in dem alle Personen einen Kandidaten X für besser halten als einen Kandidaten Y, am Ende Y die Abstimmung gewinnt.

Die dritte Bedingung nennt Arrow »I« für *irrelevance*. Sie verlangt, dass sich die kollektive Präferenz für zum Beispiel X gegenüber Y nicht allein dadurch ändert, dass eine Alternative Z hinzutritt. Natürlich kann die hinzutretende Alternative besser sein als X, aber die Rangfolge zwischen X und Y sollte sich durch das bloße Hinzutreten einer weiteren Alternative nicht ändern. Wenn ich es vorziehe, in Italien statt in Frankreich Urlaub zu machen, dann sollte sich an dieser Präferenz nicht allein dadurch etwas ändern, dass nun als weitere Alternative ein USA-Urlaub möglich geworden ist. Warum sollte ich einen Urlaub in Italien gegenüber einem Urlaub in Frankreich allein deshalb vorziehen, weil ich nun auch in den USA Urlaub machen könnte?

Die letzte Bedingung nennt Arrow »U« für *unrestricted domain*. Die bessere Bezeichnung ist »Präferenzensouveränität«: Alle an der Abstimmung Beteiligten können ihre Präferenzen einspeisen, es gibt gewissermaßen keine Verbote oder Restriktionen, bestimmte Präferenzen zu haben.

Es scheint offenkundig, dass diese vier Bedingungen bei Weitem zu schwach sind, um demokratische Entscheidungsverfahren zu charakterisieren. Man würde sich zum Beispiel wünschen, dass in irgendeiner Form sichergestellt ist, dass Mehrheiten eine Rolle spielen, dass Anonymität und Neutralität gesichert sind, eventuell Minderheitenschutz und individuelle Rechte. Das Schockierende aber ist, dass Arrow bewiesen hat, dass schon diese vier genannten Minimalbedingungen für kollektive Entscheidungsverfahren simultan nicht erfüllbar sind, dass es also keine Regel kollektiver Entscheidungen gibt, die diese vier Bedingungen zugleich erfüllt.[75]

Nun könnte man daraus den allgemeinen Schluss ziehen, dass Demokratie unmöglich ist. Das wäre jedoch voreilig. Eine genauere Betrachtung der parlamentarischen, repräsentativen, rechtsstaatlich verfassten Demokratie zeigt, dass deren Verfahren der politischen Entscheidungsfindung so gestaltet sind, dass sie die im Arrow-Theorem gezeigte Problematik meist umgehen. So können etwa zyklische Abstimmungsergebnisse wie im oben dargestellten Condorcet-Paradoxon nur auftreten, wenn es mindestens drei Alternativen gibt. Die Praxis in der parlamentarischen Demokratie, die jeweilige Regierung auf eine parlamentarische Mehrheit zu stützen, die von einer oder mehreren Fraktionen gebildet ist, die durch einen Koalitionsvertrag miteinander verbunden sind, schließt zum Glück jedoch aus, dass es zu mehreren Vorschlägen kommt, die jeweils eine Chance haben, von einer Mehrheit befürwortet zu werden. In den allermeisten Fällen werden die Gesetzentwürfe von der Regierung eingebracht und dann im Parlament mit der Mehrheit der Regierungsfraktionen abgestimmt. Die Opposition lehnt diese Gesetzentwürfe in der Regel ab oder setzt ihnen alternative Entwürfe entgegen. Wir haben es dann mit einer Entscheidung zwischen lediglich zwei Alternativen zu tun: Annahme des Regierungsentwurfs oder Ablehnung des Regierungsentwurfs. Wenn ein Regierungsentwurf im Deutschen Bundestag scheitert, gilt dies in der Regel als Ausdruck einer Regierungskrise.

Als Letztes sei die Erkenntnis von Gibbard und Satterthwaite genannt.[76] Sie konnten zeigen, dass es kein einziges Verfahren kollektiver Entscheidungsfindung gibt, das nicht strategie- und manipulationsanfällig ist.

Strategieanfällig ist ein Entscheidungsverfahren, wenn mindestens eine beteiligte Person ihre Präferenzen eher realisiert, wenn sie andere Präferenzen in das

Entscheidungsverfahren einspeist, als sie tatsächlich hat. Um ein vertrautes Beispiel aus der Vergangenheit der Bundesrepublik zu geben: Manche CDU-Wähler entschieden sich in der Ära Kohl dazu, der FDP ihre Stimme zu geben, weil sie annahmen, dass Kohl nur dann Kanzler bleiben könnte, wenn die FDP als Bündnispartner zur Verfügung stünde.

Manipulationsanfällig ist ein Entscheidungsverfahren, wenn die Reihenfolge der Abstimmungen für das Ergebnis ausschlaggebend ist (siehe Condorcet). Ein Beispiel aus eigener Erfahrung: Es ging im Bundestag um die Frage, ob das Hohenzollernschloss in Berlin wiederaufgebaut werden sollte. Die Entscheidung erfolgte in zwei Stufen. Zunächst wurde die Frage entschieden, ob ein Gebäude in der Kubatur (dem räumlichen Umgriff) des ehemaligen Schlosses gebaut werden sollte, und dann, ob eine Rekonstruktion des Schlosses befürwortet werde. Es ergab sich eine Mehrheit für die Kubatur und dann eine Mehrheit für die Rekonstruktion. Zahlreiche Beobachter und Beteiligte kamen im Nachhinein zu dem Ergebnis, dass eine erste Abstimmung für oder wider die Rekonstruktion des Schlosses eine Mehrheit gegen die Rekonstruktion erbracht hätte.

Das niederschmetternde Ergebnis des Theorems von Gibbard und Satterthwaite ist, dass alle Verfahren kollektiver Entscheidungsfindung sowohl strategie- als auch manipulationsanfällig sind. Zum Glück gibt es auch hier eine Vorkehrung in den parlamentarischen, repräsentativen, rechtsstaatlich verfassten Demokratien, und diese liegt in der Rolle, die das öffentlich vorgetragene Argument und die Transparenz des Entscheidungsverhaltens der Politikerinnen und Politiker spielen.

Wenn eine Politikerin bestimmte Argumente für ein Projekt vorbringt, dann wäre es zumindest begründungsbedürftig, wenn sie am Ende doch dagegen stimmt. Man könnte auch sagen, die Begründungspflicht und die öffentliche politische Meinungsbildung schränken die Spielräume für strategisches und manipulatives Verhalten in der Demokratie ein. In diesem Sinn kann man die institutionelle Ordnung der parlamentarischen Demokratie als den Versuch interpretieren, die Paradoxa und Dilemmata kollektiver Rationalität zu umgehen und politische Entscheidungen möglich zu machen. Würde man zu einer digitalen Republik übergehen, entfiele dieses Merkmal einer »deliberativen Demokratie«. Die Kontrolle, wer wann wie abgestimmt und mit welchen Argumenten sich für welches Projekt eingesetzt hat, wäre angesichts der schieren Zahl von Beteiligten unmöglich, und die politische Verantwortlichkeit würde in einer amorphen Masse von Abertausend Partizipierenden, die per Mausklick lediglich mit »Ja« oder »Nein« abstimmen, diffundieren.

So schön und so einfach sich also im YouTube-Filmchen *Liquid Democracy* präsentiert, sie muss in dieser Form scheitern.

In der Tat haben sich bisher groß angelegte Versuche einer *Liquid Democracy* als nicht gangbar herausgestellt – zumeist mangels Beteiligung.[77] Dies lediglich als Ausdruck von Saturiertheit, Desinteresse oder Bequemlichkeit zu lesen ist voreilig. Wahrscheinlicher ist, dass der Widerstand gegen den Übergang zur digitalen Republik sich aus der tieferen Einsicht speist, dass damit zwangsläufig Rationalitätsverluste einhergehen und dass – wie wir gesehen haben – im ungünstigsten Fall kollektive Selbstblockaden in Gestalt zyklischer Präferenzen zu gefährlicher Chaotisierung und zu Instabilität führen.

Und doch ist der Einspruch gegen das Ideal einer digitalen Republik, der Nachweis, dass diese aus systematischen Gründen nicht realisierbar ist und eine Annäherung an diese nicht wünschenswert ist, damit vereinbar, dass wir uns für eine massive Nutzung der neuen technologischen Möglichkeiten aussprechen. Hierin liegt kein Widerspruch. Das Ziel des digitalen Humanismus ist die Stärkung der Urteils- und Entscheidungskompetenz und damit der individuellen und kollektiven Autonomie. Um dies zu erreichen, sind die digitalen Informations- und Entscheidungstechnologien als Ergänzung der parlamentarischen, repräsentativen, rechtsstaatlich verfassten Demokratien einzusetzen – doch sie sind lediglich Unterstützung, kein Ersatz.

Die Bereicherung des öffentlichen Raums durch die Einbeziehung möglichst vieler Bürgerinnen und Bürger könnte in diesem Sinne die Demokratie nicht ersetzen, aber stärken. Die Chancen sind heute dafür so günstig wie noch nie.

18

»Alles, was Sie für Ihr Glück brauchen«

Die sozioökonomische Dimension

Als Detective Spooner in *I, Robot* (Regie: Alex Proyas. USA, 2004) zum ersten Mal dem CEO von U.S. Robotics gegenübersteht, dem größten Roboterhersteller der Welt, kann er nicht umhin, einen sarkastischen Kommentar abzugeben: »Ich hab da eine Idee für einen neuen Werbespot. Man sieht einen Tischler, der einen wunderschönen Stuhl herstellt, und dann kommt einer von den Robots rein und macht 'nen besseren Stuhl, und das zweimal so schnell. Und dann kommt 'ne Riesenschrift: ›USR – wir scheißen auf die kleinen Leute.‹ Dann wird ausgeblendet.«

Gegenwärtig wird viel über die Veränderungen spekuliert, die eine Industrie 4.0 mit sich brächte, insbesondere die Produktion von Industriegütern an der Stelle, an der sie benötigt werden, auf einer Datenbasis, die durch Internetkommunikation zur Verfügung gestellt wird. Industrie 4.0 soll eine weitgehend sich selbst organisierende Produktion ermöglichen. Durch den Einsatz hochkomplexer Suchmaschinen[78] und die Vernetzung von Menschen, Maschinen, Logistik und Fertigungsanlagen sollen komplexe Wertschöpfungsketten effizienter gemacht und damit – nach der Mechanisierung durch Dampfmaschinen, der Massenproduktion durch Fließbänder und der Einführung von Personal-Computern – eine »vierte industrielle Revolution« eingeleitet werden. Ob dies tatsächlich so kommen wird, steht allerdings in den Sternen. Disruptive technologische Innovationen der Vergangenheit wurden bisher nicht durch politische Programme und Ziele initiiert, aber es ist durchaus möglich, dass die Digitalisierung schon bald in eine neue Phase tritt, die den bisherigen, eher flüchtigen Charakter dieser Technologie (ihre Fokussierung auf Kommunikation und Interpretation, vor allem aber Datennutzung zu Werbezwecken) um die handfeste Dimension einer digitalen, netzwerkgesteuerten Fertigung erweitert.

Bevor dieses Konzept auch nur eine konkrete Gestalt angenommen hätte, sprechen ihre Protagonisten schon von dem massiven Arbeitsplatzverlust, der damit einhergehen würde. So warnte das Weltwirtschaftsforum in Davos 2016 davor, dass demnächst in Europa sieben Millionen Arbeitsplätze wegfallen werden, manche Prognosen sprechen vom Verlust von 50 Prozent und mehr aller Arbeitsprozesse, nicht nur im verarbeitenden Gewerbe, sondern auch in der Dienstleistungsbranche. Manche Politiker, Ökonomen und Manager plädieren für eine Robotersteuer[79], die den Lohnausfall ersetzen soll, andere sprechen sich gleich ganz für die Einführung eines bedingungslosen Grundeinkommens aus, um die sozialen Erschütterungen rechtzeitig einzufangen.

Ein derartig grundsätzlicher Umbau des Sozialstaates – weg von der Bindung an Erwerbsarbeit und Lohnsteuer, hin zu umsatzsteuerfinanzierten Grundsicherungsmodellen – findet angesichts der erwarteten, weiter zunehmenden Digitalisierung der gesamten Ökonomie eine immer größere Anhängerschaft. Politisch reicht diese von starken Kräften aus der Arbeitgeberschaft und den nahestehenden Wirtschaftsinstituten und Wirtschaftsverbänden bis hin zu linksanarchistischen Unterstützern. Die Konfliktlinie pro und contra bedingungsloses Grundeinkommen verläuft nicht nach einem Links-rechts-Schema. Gemeinsam ist allen Befürwortern das Ziel eines radikalen Systemwechsels: Die unterschiedlichen sozialen Sicherungssysteme sollen durch ein einfaches und (vermeintlich) gerechtes Modell ersetzt werden. Eines der attraktiven Elemente der Einführung eines bedingungslosen Grundeinkommens ist dabei für viele, dass sich sozialstaatliche Institutionen, Bürokratie und Verwaltung damit weitgehend erübrigten.

Eine auf den ersten Blick reizvolle Vorstellung: Während alle leidigen Arbeiten von Robotern übernommen werden, die für uns putzen, kochen, sauber machen und Produkte für uns herstellen, können wir uns ganz unseren Interessen widmen und unseren Lüsten hingeben. Das süße Leben wäre nicht mehr nur für die Reichen möglich, das digitale Schlaraffenland wäre erreicht.

In seinem 1567 entstandenen Gemälde präsentiert uns der Maler Pieter Bruegel der Ältere seine Vision des Schlaraffenlandes, wie es noch vor der ersten industriellen Revolution hätte aussehen können. Menschen liegen dort entspannt auf dem Boden, es gibt genug zu essen und zu trinken, Klassenunterschiede sind aufgehoben. Ein Ritter liegt neben einem Bauern, der wiederum neben einem Gelehrten liegt. Und doch haftet dieser Vision nur auf den ersten Blick etwas Reizvolles an. Auf den zweiten Blick erkennt man, dass das Schlaraffenland in Wahrheit ein dystopisches Paradies ist, das die Menschen dick und faul macht. Die Botschaft soll wohl sein, dass zu einem guten Leben mehr gehört, als satt zu sein und es bequem zu haben.

Eine moderne Version des Schlaraffenlandes liefert uns der Film *WALL·E*. Nachdem die Erde durch Umweltkatastrophen unbewohnbar geworden ist, haben sich die Menschen auf Raumschiffe gerettet, die seit Jahrzehnten durch das All fliegen. Den Menschen mangelt es dort an nichts, Roboter übernehmen die gesamte Arbeit: Sie wecken die Menschen, füttern sie, fahren sie spazieren und steuern das Schiff. In einer verstörenden Vision zeigt Regisseur Andrew Stanton, wie antriebslos und stumpf die Menschen an Bord des voll automatisierten Schiffs geworden sind, das ihnen ewige Ferien bietet (siehe Abb. 13). Fett und unfähig, sich zu bewegen, sitzen sie entweder in automatisierten Autos oder liegen an künstlichen Badestränden mit künstlicher Sonne unter Sonnenschirmen. Ihre aufgedunsenen Gesichter starren auf Bildschirme. Ständig kommunizieren alle miteinander – allerdings niemals von Angesicht zu Angesicht, sondern immer nur über ihre Handys.

»BNL – Alles, was Sie für Ihr Glück brauchen. Ihr Wohlbefinden liegt uns am Herzen!«, klingt es aus den Lautsprechern. Das ist das Motto der Firma, die dafür verantwortlich ist, dass die Menschen nunmehr von Robotern bedient werden und derart von ihnen versorgt werden, dass sie ohne diese lebensunfähig geworden sind.

[13] Schöne neue voll automatisierte Welt
(*Wall·E.* Regie: Andrew Stanton. USA, 2008).

Die Idee eines bedingungslosen Grundeinkommens geht in seinen Wurzeln bis auf das 19. Jahrhundert zurück. Der wichtigste weltanschauliche Kontext ist der des Anarchismus und des utopischen Sozialismus. In den letzten Jahrzehnten ist als weiterer weltanschaulicher, sozialwissenschaftlicher Kontext die Ideologie vom Ende der Arbeitsgesellschaft hinzugetreten. Diese Ideologie besagt, dass angesichts der Rationalisierungsprozesse Erwerbsarbeit generell zu einem knappen Gut wird. Gemäß dieser Auffassung sind in steigendem Maße andere Einkommensquellen als die Erwerbsarbeit erforderlich. Diese These, die von André Gorz über Jeremy Rifkin bis hin zu Ulrich Beck zahlreiche Befürworter hat und die sich auch auf Visionen von Herbert Marcuse stützt,[80] hat sich in der Vergangenheit allerdings als falsch herausgestellt. Bisher haben technologische Innovationen zwar massive Verschiebungen auf den Arbeitsmärkten ausgelöst, aber nicht zu einem umfassenden Schwund von Erwerbsarbeit geführt.

Konzeptionen des bedingungslosen Grundeinkommens gehen mit der Vision eines Reiches der Freiheit einher: Jeder kann zu jedem Zeitpunkt entscheiden, ob er der Erwerbsarbeit nachgehen will, ob er andere Arbeiten (bürgerschaftliches Engagement, Familienarbeit etc.) aufnehmen oder sich der Muße widmen will. Durch das bedingungslose Grundeinkommen würde zum ersten Mal der Zwang zur Arbeit nicht nur für einige wenige, sondern für alle entfallen.

Die erste Frage, die sich stellt, ist die, ob durch die Digitalisierung eine neue Lage eingetreten ist, die der alten und bisher falschen These vom Verschwinden der Erwerbsarbeit in der Industriegesellschaft einen späten Triumph bescheren wird. Die Langzeitanalysen der Produktivitätssteigerungen in der US-Wirtschaft durch technologische Innovationen sprechen gegen diese Erwartung. Studien, die einen hohen Verlust von Erwerbsarbeit prognostizieren, sind also entweder ebenso falsch wie diejenigen, die vor Jahrzehnten für die Automobilindustrie angestellt wurden (tatsächlich arbeiten heute mehr Menschen trotz weitgehend menschenleerer Fertigungshallen in der Autoindustrie als früher), oder es ist zu erwarten, dass diese Verluste durch neue Arbeitskapazitäten, die durch die Digitalisierung erst entstehen, kompensiert werden.

Aus der Volkswirtschaftslehre wissen wir, dass ein massiver Arbeitsplatzverlust bei moderat wachsendem Bruttoinlandsprodukt per saldo nur eintreten könnte, wenn das Wachstum der Produktivität über viele Jahre deutlich über dem Wachstum des Bruttoinlandsprodukts läge. Tatsächlich aber hat sich das Produktivitätswachstum in den vergangenen Jahren verstärkter Digitalisierung eher abgeschwächt als erhöht, ja enttäuschenderweise bildet sich die dritte und vierte technologische Revolution bislang in der Produktivitätsentwicklung nicht ab. Solange das so bleibt, kann es per saldo keine Arbeitsplatzverluste durch Digitalisierung geben, zumindest so lange nicht, bis es zu einem massiven Einbruch der gesamten Wirtschaftsleistung durch die Digitalisierung kommt – was wohl niemand ernsthaft annehmen möchte.

Sollte es dagegen tatsächlich zu einem gewaltigen Produktivitätsschub durch die Industrie 4.0 kommen, der nicht durch hohe Wachstumsraten kompensiert wird, würde das Arbeitsvolumen entsprechend schrumpfen. Man nehme einfachheitshalber an, dass sich die Produktivität innerhalb einer Dekade verdoppelt, während das Bruttosozialprodukt nur um 50 Prozent zunimmt. Dann würde das Arbeitsvolumen bei gleicher Arbeitszeit pro Kopf um ein Viertel zurückgehen, also eine zusätzliche Arbeitslosigkeit von 25 Prozent nach sich ziehen. Ein Rückgang der Arbeitszeit pro Kopf um 25 Prozent wäre (ohne steigende Arbeitslosigkeit) sogar mit einem über zehn Jahre um 25 Prozent steigenden Realeinkommen vereinbar.

Nach den bisherigen Erfahrungen sind die Produktivitätseffekte durch die Digitalisierung[81] bescheiden und mit früheren technologischen Revolutionen nicht vergleichbar (siehe 7. Kapitel). Sie zeigten sich in der Frühphase der Einführung von PCs und Browsern (1994–2004), fielen jedoch nach der Jahrhundertwende auf ein auffällig niedriges Niveau, das bis heute anhält. Es ist keineswegs ausgeschlossen, dass sich das in der sogenannten »dritten Phase der Digitalisierung«

ändert. Sicher ist die Fokussierung der von US-Internetgiganten angeführten Digitalisierung auf Kommunikation, Unterhaltung und Konsum in der zweiten Phase der Digitalisierung für diese enttäuschende Entwicklung mit verantwortlich. Das könnte sich ändern, wenn stärker industriell und gewerblich orientierte Ökonomien (wie die deutsche, die erfolgreichste Exportwirtschaft der Welt, oder die chinesische, die koreanische oder auch die japanische, die weit weniger de-industrialisiert sind als die USA, Frankreich oder Großbritannien) eine neue Phase der industriell orientierten Digitalisierung einleiten. Wenn es denn so käme und die Wachstumsraten zumindest der reifen Ökonomien nicht ausreichen sollten, um eine deutliche Schrumpfung des Arbeitsvolumens zu vehindern, dann sollten die neuen Spielräume für einen Ausbau lebenslangen Lernens, einen flexibleren Wechsel zwischen Familien- und Erwerbsarbeit, für Sabbaticals und mehr Zeitsouveränität genutzt werden und nicht zu einer Spaltung der Gesellschaft in hochbezahlte und -produktive Erwerbsarbeiter und unproduktive, von einem bedingungslosen Grundeinkommen Alimentierte führen.

Schon ein bescheidenes bedingungsloses Grundeinkommen in der Höhe des Mindestlohns einer vollen Arbeitsstelle würde zu sehr hohen Steuern führen. Die Höhe der Steuern ist natürlich davon abhängig, in welchem Umfang von den bedingungslosen Grundeinkommen Gebrauch gemacht wird, also wie groß der Anteil derjenigen ist, die dann freiwillig aus dem Erwerbsleben ausscheiden, auf Zeit oder auf Dauer, teilweise oder vollständig. Da ein bedingungsloses Grundeinkommen in der Höhe des durchschnittlichen

Arbeitseinkommens schon aus steuerlichen Gründen unrealistisch ist, würde eine Existenz auf der Basis des bedingungslosen Grundeinkommens nur für Teile der Bevölkerung attraktiv sein, dazu gehören insbesondere Jüngere (in der Phase nach Abschluss ihres Bildungsweges und vor dem Einstieg in die Erwerbstätigkeit) und diejenigen, die etwa durch innerfamiliäre Transferleistungen aus Arbeitseinkommen ihren Lebensstandard oberhalb des bedingungslosen Grundeinkommens sichern können.

Die empirische Evidenz, dass längere Absenz von Erwerbstätigkeit die Erwerbsfähigkeit drastisch reduziert, ist überwältigend. Das bedeutet: Absolventen müssen nach Abschluss ihrer Ausbildung beziehungsweise ihres Studiums rasch in das Erwerbsleben integriert werden, weil sonst ihre Qualifikation an Wert verliert. Langzeitarbeitslose sind auch dann nur schwer in das Erwerbsleben zu integrieren, wenn sie über gute Qualifikationen verfügen. Anreize zur langjährigen Absenz vom Erwerbsleben sind von daher unverantwortlich. Sie führen zu einer Spaltung der Gesellschaft in dauerhaft Erwerbstätige und dauerhaft Erwerbslose, wenn auch mit bedingungslosem Grundeinkommen Versorgte.

Die Einführung eines bedingungslosen Grundeinkommens würde die ohnehin bestehende kulturelle Spaltung der Gesellschaft in beruflich Integrierte und beruflich Nicht-Integrierte, sei es durch prekäre und häufig wechselnde Beschäftigungsverhältnisse oder durch Arbeitslosigkeit, vertiefen. Die Einführung eines bedingungslosen Grundeinkommens käme einer Kapitulation gleich. Statt einer Strategie der Integration und Inklusion in die Arbeitsgesellschaft würde der endgültige und dann bald irreversible Ausstieg aus der Arbeitsgesellschaft prämiert. Die mutige Begründung der These »Why Surfers Should be Fed«[82] durch den bedeutendsten Theoretiker eines bedingungslosen Grundeinkommens, den belgischen Ökonomen und Philosophen Philippe Van Parijs, ist durchaus ernst zu nehmen. Während bislang für die allermeisten eine solche Existenzform nur für Übergangsphasen der Biografie infrage kommt, würde sie in Zukunft zu einem verbreiteten Phänomen, dessen quantitative Dimension von der Höhe des bedingungslosen Grundeinkommens abhinge. Die ohnehin beobachtete Verlängerung der Adoleszenz im Sinne unselbstständiger, abhängiger Existenzformen in westlichen Gesellschaften würde einen weiteren Schub erhalten, der Einstieg in das Erwerbsleben würde sich nicht wie gegenwärtig beschleunigen, sondern verzögern, für viele wohl bis zu dem Punkt, an dem sie freiwillig dem Beruf fernbleiben.

Es steht zu vermuten, dass die apokalyptische Vision, die alle disruptiven technologischen Innovationen begleitet hat, auch in unseren Zeiten der Digitalisierung unbegründet ist. Alle vergleichbaren Umwälzungen haben zu Arbeitsplatzverlusten in bestimmten Branchen und Berufen geführt, man denke nur an die Landflucht im 19. Jahrhundert, ausgelöst durch den Einsatz von Maschinen in der landwirtschaftlichen Produktion, die zugleich aber an anderer Stelle einen gewaltigen Zuwachs von Arbeitsplätzen ermöglichte. Im Falle der Digitalisierung spricht vieles dafür, dass die Ökonomien der Zukunft die durch Rationalisierung frei werdenden Ressourcen etwa für die Befriedigung kultureller Interessen einsetzen werden. Schon heute gehört zum Beispiel die Fertigung von digitalen Spielen und virtuellen Realitäten zu den am stärksten wachsenden Branchen. Die Kulturbranche als Ganzes ist ein Wachstumstreiber in allen westlichen Volkswirtschaften. Die zunehmende Digitalisierung muss und darf keinen Ausstieg aus der Arbeitsgesellschaft zur Folge haben. Eine solche Entwicklung ist ökonomisch nicht belegt, kulturell nicht wünschenswert, und sie könnte mit politischen Maßnahmen (in der Arbeitsmarkt-, Bildungs- und Familienpolitik) konterkariert werden.

Am Ende von *WALL·E* steuert der Kapitän des digitalen Raumschiff-Schlaraffenlands mit den letzten verbliebenen Menschen auf die Erde zu. Da auf der Erde wieder Leben möglich geworden ist, können die Menschen nach Jahrhunderten im kargen Weltraum endlich zurück auf ihren alten Planeten. Als sich die Luken öffnen, robben sich die dicken Menschen, die in der Zwischenzeit das Gehen verlernt haben, nach draußen. Mit großen Augen starren sie auf die riesigen Hochhausskelette, die zerstört vor ihnen liegen. Die Luft auf der Erde ist staubig und trocken. Sie wissen, es liegt viel Arbeit vor ihnen, die Erde wieder schön und bewohnbar zu machen. Und doch lächelt der Kapitän. Das vermeintliche Schlaraffenland hat ein Ende gefunden, und das Leben hat wieder einen Sinn.

19

»Upgraden Sie Ihren Körper!«

Die transhumanistische Versuchung

Als der Polizist Alex aus dem künstlichen Koma erwacht und sich in seinem neuen Körper, einer Art Batman-Anzug aus schwarzem Stahl, wiederfindet, gerät er – verständlicherweise – in Panik.

»Was haben Sie mit mir gemacht?«, fragt er entsetzt. »Was ist das für ein Anzug?«

»Das ist kein Anzug«, erklärt ihm Dr. Norton, ein Experte für kybernetische Prothesen. »Das sind Sie!«

Alex, der einer Autobombe zum Opfer fiel und außer dem Rumpf die meisten Teile seines Körpers verloren hat, wurde von Dr. Norton, der mit dem Einsatz künstlicher Extremitäten erfahren ist, in einen Roboteranzug hineinoperiert. Dieser Anzug verleiht Alex zwar Mobilität und Stärke, macht ihn aber auch psychisch zu einer Art Roboter. Denn damit die technischen Teile, wie etwa künstliche Arme und Hände, gut funktionieren, müssen die elektrischen Impulse des Gehirns perfekt umgesetzt werden. Um das zu ermöglichen, muss Alex emotional ruhiggestellt werden, andernfalls, so Dr. Norton, »leidet die Weiterleitung«.

Alex weiß nicht, dass der Megakonzern OmniCorp, der seine teure Operation gesponsert hat, einen Hintergedanken dabei verfolgt: Da die Idee von bewaffneten Robotern bislang in der Bevölkerung wie auch vonseiten der Regierung aufgrund eines von Senator Dreyfus[83] erlassenen Allgemeingesetzes (Common Law) auf Widerstand stößt, hofft der OmniCorp-Chef Raymond Sellars, der Öffentlichkeit mit Alex einen Cyborg zu präsentieren, der so sympathisch und effizient ist, dass sich die Menschen in Zukunft mehr von diesen RoboCops wünschen werden. Natürlich, um sie dann mit größtmöglichem Gewinn vertreiben zu können.

Als Alex sich zum ersten Mal in seinem Roboteranzug sieht, bricht er zusammen. So will er nicht leben. Erst als Dr. Norton ihm sagt, dass seine Frau in seine Transformation eingewilligt hat, beruhigt er sich und beschließt, sich an seine neue Existenz zu gewöhnen (siehe Abb. 14).

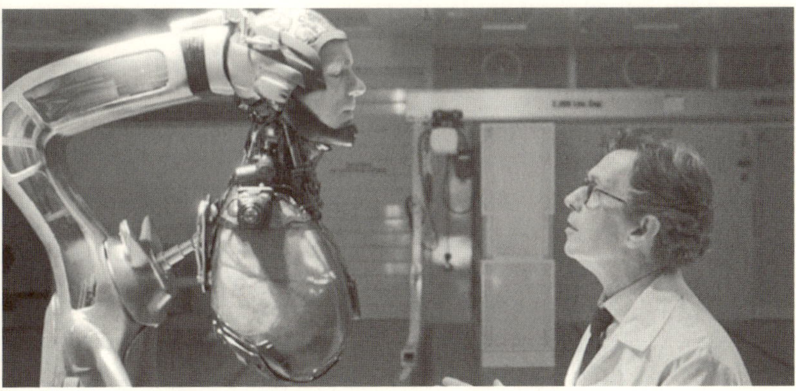

[14] Alex beschließt, sich an seine neue Existenz zu gewöhnen (*RoboCop.* Regie: José Padilha. USA, 2014).

Es gibt allerdings ein Problem: Alex ist weitaus weniger kampffähig als seine reinen Roboterkollegen. Wo die Roboter gleich losschießen, überlegt Alex vorher, ob es moralisch auch in Ordnung ist, dies zu tun. Dadurch aber verliert er Zeit. Um diesen – aus der Perspektive von OmniCorp – Nachteil aufzuheben, stattet Dr. Norton Alex mit einer Art VISOR aus. In Kampfsituationen wird dieser automatisch heruntergefahren – dann übernimmt der robotische Teil in ihm die Kontrolle über seinen Körper und seine Handlungen. Das Perfide daran ist, dass ein von Dr. Norton implantierter Chip in Alex' Hirn bewirkt, dass er glaubt, es seien weiterhin seine eigenen Entscheidungen. Alex wird im Laufe des Films immer kälter und emotionsloser. Weder seine Frau noch sein Sohn erkennen ihn wieder. Wo der Roboter anfängt, so sagt uns *RoboCop* (Regie: José Padilha. USA, 2014), hört der Mensch auf. Ein besonderes Problem ist durch die Frage aufgeworfen, wer letztlich über diese Technologie entscheidet. In *RoboCop* liegt die Macht nicht beim Staat, sondern in der Hand eines Unternehmens. Dieses hat aber nur ein einziges Ziel, nämlich seinen Profit zu mehren. Alex ist daher schutzlos den Machenschaften von OmniCorp ausgeliefert, das darüber entscheidet, wie er beziehungsweise seine robotischen Anteile programmiert werden.

Cyborgs – also Mischwesen zwischen Mensch und Maschine – gibt es in einem gewissen Sinn schon lange. Ist eine Brille nicht auch ein künstliches Hilfsmittel, das der Mensch zur Verbesserung seiner Fähigkeiten seit Jahrhunderten einsetzt? Auch Beinprothesen oder Hörgeräte gehören dazu. Aber was ist mit implantierten Mikrochips, die es erlauben, ein Auto zu starten, seine Haustür zu öffnen oder seine Kontaktdaten weiterzugeben? Werden wir uns an diese Hilfsmittel genauso gewöhnen wie an Brillen gegen Weitsichtigkeit? Auf der Webseite von I am Robot[84] bietet die gleichnamige Firma (unter dem Slogan »Upgraden Sie Ihren Körper mit neuen Funktionen«) bereits heute an, diese Chips per Post zuzuschicken.

Aber es gibt noch andere Pläne für die Verbesserung des Menschen, Augmented-Reality-Linsen etwa, die es erlauben, seine Augenfarbe beliebig zu verändern, mehr von der Umgebung zu sehen oder Informationen aus dem Internet direkt ins Blickfeld einzublenden, oder implantierte Chips, mit denen man Bewegungen von anderen spüren oder Farben als Töne hören kann. In der US-amerikanischen Defense Advanced Research Projects Agency, einer Behörde des US-Verteidigungsministeriums, wird seit Jahren erforscht, inwieweit Stromstöße auf bestimmte Hirnregionen dafür sorgen, dass die Aufmerksamkeit erhöht, die Müdigkeit unterdrückt und das moralische Verhalten beeinflusst wird. *Neuroenhancement* nennt sich diese Technologie, die darauf ausgelegt ist, das Hirn zum Teil auch mithilfe digitaler Chips zu verbessern beziehungsweise mit besserer Kampffähigkeit auszustatten.[85]

Dabei entzünden sich die Fantasien in besonderem Maße an dem, was in der englischsprachigen Literatur als *brain-computer-interface* bezeichnet wird, also technische Verbindungen zwischen Hirnvorgängen und Softwaresystemen. So fördert auch die Europäische Union das Projekt VERE (Virtual Embodiment and Robotic Re-Embodiment), dessen erklärtes Forschungsziel es ist, das menschliche Ich-Gefühl dauerhaft an Avatare oder Roboter zu binden. Es gibt bereits erfolgreiche Versuche, bei denen Bewegungsvorstellungen einer Versuchsperson über Magnetresonanztomografie abgelesen und an Roboter weitergegeben werden, die dann diese Bewegung ausführen.[86] Die positiven Seiten einer solchen Technologie, inklusive des damit einhergehenden sogenannten Proteus-Effektes, also der erfolgreichen Identifizierung des Ichs mit einem anderen, künstlichen Körper, sind unbestreitbar: Körperlich gelähmte Menschen könnten dank eines neuen Körpers oder neuer Körperteile wieder gehen und sich in der Welt bewegen. Doch was ist mit den negativen Seiten? Was, wenn diese Technik dank geschickter neurologischer Manipulationen dazu missbraucht wird, Menschen zu bestimmten Handlungen zu veranlassen? Was, wenn bei einer solchen Technik die Impulskontrolle weniger gut funktioniert? Und was, wenn innerhalb einer Nutzung für militärische Einsätze die Identifikation mit einem starken Roboter-Soldatenkörper, der gemeinsam mit anderen in einer Gruppe agiert, zu einem Luzifer-Effekt[87] führt, also dazu, dass der Benutzer aufgrund seiner neuen Rolle dazu verleitet wird, übermäßig aggressiv und sadistisch zu handeln?

Befürworter des Einsatzes neuer Techniken zur Erweiterung menschlicher Fähigkeiten nennen sich Transhumanisten. Diese plädieren dafür, die modernsten technologischen Möglichkeiten einzusetzen, um zu einer völlig neuen Dimension menschlicher Kognition (insbesondere im Hinblick auf die Fähigkeit, komplexe Vorgänge zu erfassen) und Praxis zu gelangen. Der Transhumanismus ist eine globale Bewegung. So gibt es mehrere globale transhumanistische Thinktanks sowie transhumanistische »Parteien« in den USA,

Australien, Korea, Indien, Großbritannien, Österreich und auch in Deutschland (Transhumane Partei).

So euphorisch Transhumanisten die Erweiterung menschlicher Fähigkeiten durch neue Technologien sehen, es gibt auch Gegenbewegungen, die eine neue Spaltung der Gesellschaft befürchten zwischen denen, die sich mithilfe neuer Technologien (nicht nur digitaler, sondern auch medizinischer und pharmazeutischer oder nanotechnologischer Art) auf eine höhere Stufe der Menschheitsentwicklung stellen, und solchen, denen das mangels ökonomischer oder technischer Mittel versagt ist.

Der zeitgenössische Transhumanismus ist die Konkretisierung eines uralten Menschentraums, nämlich sich über die *conditio humana* hinwegsetzen zu können, alle Beschränkungen der Menschennatur zu sprengen, übermenschliche Kräfte und Fähigkeiten zu entwickeln. Manche Transhumanisten erhoffen sich auch, den kindlichen Wunsch nach Unsterblichkeit über digitale Technologien erfüllen zu können. So bietet Alcor Life Extension Foundation, eine US-amerikanische Non-Profit-Organisation, an, das Gehirn nach dem Tod in einer Lauge zu konservieren, damit der Besitzer dieses Gehirns Jahrzehnte, vielleicht auch Jahrhunderte später in einem geklonten, gesunden, jungen oder auch in einem künstlichen Maschinenkörper wiederauferstehen kann. Der Maschinenkörper, der mit dem Gehirn fusionieren soll, wird damit zu einer Art Doppel- oder Wiedergänger, der im Gegensatz zu dem vorherigen Menschen ewig leben soll.

Aus psychoanalytischer Sicht muss ein solcher Wunsch als regressiv und narzisstisch charakterisiert werden, denn es gehört zu den elementarsten Bedingungen des Erwachsenseins, die Beschränkung als Mensch und auch die eigene Sterblichkeit zu akzeptieren. Freud beschrieb die Vorstellung von Doppelgängern, also die Idee eines Doubles, als krankhaft und narzisstisch und erwähnt in diesem Zusammenhang die altägyptische Tradition der Sarkophage, die als Ebenbilder des Toten seine Unsterblichkeit garantieren sollten. Roboter, denen unsere Gehirne implantiert werden sollen, sind so gesehen nichts anderes als die moderne Fortführung dieser regressiven Ideen.

Was in der Realität (noch) nicht möglich ist, wird in Science-Fiction-Filmen durchgespielt, am extremsten wohl in dem Film *Ghost in the Shell* (Regie: Rupert Sanders. USA, 2017), der auf einem Manga von Masamune Shirow basiert. Major Mira Killian, die Protagonistin des Films, ist das Ergebnis einer Verschmelzung von menschlichem Hirn und rein synthetischem Körper, der ihr unglaubliche Elastizität und Stärke verleiht. Übermenschliche Kräfte hat auch Tony Stark aus *Iron Man* (Regie: Jon Favreau. USA, 2008), der mithilfe eines stählernen Kampfanzugs zu einem Cyborg wird (siehe Abb. 15). Im Gegensatz zu Alex in *RoboCop* hat Tony als genialer Ingenieur nicht nur die Macht über seine eigene Programmierung, sondern als immens reicher Inhaber eines gigantischen Unternehmens (Stark Industries) auch noch das Geld, mit dem er sich quasi selbst sponsern kann. Das Problem, wer die Kontrolle über die Programmierungen hat, stellt sich hier also nicht.

Auch diesen Film hätte Freud sicherlich als typischen Ausdruck regressiver, unbewusster Allmachts- und Unverwundbarkeitsfantasien gesehen.[88] Und doch kann kein Zweifel bestehen, dass solche Visionen auch

[15] Tony Stark kann entscheiden, wie er sich selbst bauen will (*Iron Man.* Regie: Jon Favreau. USA, 2008).

die technologische Entwicklung vorangetrieben haben. Der Wunsch zu fliegen zum Beispiel, die Realisierung dieses uralten Menschheitstraums, hat viele Menschen das Leben gekostet, um dann am Ende eine uns heute ziemlich langweilig erscheinende technische und ökonomische Realität zu werden. Auch der automobilisierte Individualverkehr, die Bewegung von zig Pferdestärken mit leichter Hand und zartem Fußdruck, die Bewegung eines tonnenschweren Gefährts unter minimalem Einsatz eigener Körperkräfte, ist die Realisierung eines alten Traums unbegrenzter Mobilität. Die Naturwissenschaft und Technik haben immer wieder wichtige Impulse aus radikalen Ideen der technologischen Veränderung unserer Lebenswelt erfahren. Die Entwicklung der Kernkrafttechnik und ihre friedliche Nutzung in Form von Leichtwasserreaktoren oder der weit avancierteren Technologie der Schnellen Brüter sollte die Vision einer unbegrenzt verfügbaren, sauberen, nachhaltigen und sorgenfreien Energienutzung realisieren. Wie wir heute wissen, ist es am Ende ganz anders gekommen, und die Kernkraft als Energieträger gilt in vielen Ländern allenfalls noch als Übergangstechnologie zu einer dezentralen und auf erneuerbaren Energien beruhenden Wirtschaft, die interessanterweise auf ganz alte Modelle der Energiegewinnung zurückgreift (Windräder, Wasserkraft, Dung, Geothermik etc.).

In jedem Projekt einer Verbesserung der menschlichen Praxis und der menschlichen Gesellschaft steckt ein utopisches Potenzial, und umgekehrt ergeben sich aus utopischen Visionen oft konkrete Projekte der Verbesserung menschlicher Lebensverhältnisse. Humanisten orientieren sich an dem, was sie jeweils unter einer humanen Lebensform verstehen. Die Vorstellungen divergieren, aber gemeinsam ist Humanisten, dass sie die Gegebenheiten der Natur nicht hinnehmen, sondern den Menschen für entwicklungsfähig halten.

Giovanni Pico della Mirandola hat in seiner kleinen, aber sehr wirkungsmächtigen Schrift *De hominis dignitate* hymnisch von den besonderen menschlichen Fähigkeiten in den Künsten und Wissenschaften geschwärmt. Für ihn zeigt sich die besondere menschliche Würde vor allem darin, dass der Mensch in sich – gewissermaßen als Ebenbild Gottes – göttliche Fähigkeiten der Kreativität und der Freiheit birgt, die unter günstigen Voraussetzungen zur vollen Entfaltung kommen. Diese humanistische Idee der menschlichen Selbstentfaltung bleibt aber begrenzt durch die natürlichen Gegebenheiten. Der rote Faden humanistischen Denkens seit der Antike, Maß zu halten und das Mittlere gegenüber dem Extremen zu verteidigen (die *meso-*

tes-Lehre des Aristoteles in der *Nikomachischen Ethik*), bekommt durch die neuen technologischen Möglichkeiten und die transhumanistische Bewegung neue Aktualität.

Erst in der Moderne und in Zeiten der avancierten Informationstechnologien, die in Verbindung mit den zeitgenössischen Neurowissenschaften Erwartungen auf die Überwindung mancher dieser natürlichen Schranken hervorbringen, kann der Humanismus in einen Transhumanismus umschlagen. Der Transhumanismus unterscheidet sich vom Humanismus dahingehend, dass er natürliche Begebenheiten, auch dann, wenn sie zum tradierten menschlichen Selbstbild gehören, infrage stellt, gewissermaßen die humanistische Idee der Selbstbestimmung und Selbstgestaltung über alle Grenzen hinaus ausdehnt. Dieser Umschlag von Humanismus in Transhumanismus hat einen berühmten Vorläufer in Friedrich Nietzsche und dessen transhumanstischem Ideal des Übermenschen, der auf nichts und niemanden Rücksicht nehmen muss und sich über die Herde des vermeintlichen Mittelmaßes und die Werte der Humanität hinwegsetzen kann.

Im Laufe des Films *RoboCop* verliert der Protagonist Alex immer mehr an Maß und Mitte. Er wird überheblich, aggressiv und verliert zunehmend seine Menschlichkeit. Als sich am Ende die US-amerikanische Regierung gegen den Einsatz von Cyborg-Polizisten ausspricht, gesteht Dr. Norton in einem Interview, dass er die Arbeit an der Erschaffung eines bewaffneten Cyborgs bereut: »Ich gebe zu, dass wir weniger wissen, als wir dachten. Meine Forschungen sind weiterhin wichtig und vernünftig, doch wie ich sie eingesetzt habe, war falsch.«

20

»C-Beams, glitzernd im Dunkeln, nahe dem Tannhäuser Tor«

Zur Metaphysik der Digitalisierung

Los Angeles im Jahre 2019. Eine düstere Stadt, meist regnet es, und in regelmäßigen Abständen schleudern Hochöfen Feuer in die Luft. Die Stadt ist so multikulturell geworden, dass sich die Menschen kaum noch untereinander verständigen können. Die dystopische Welt, die Ridley Scott 1982 in *Blade Runner* zeichnet und mit melancholischen Synthesizer-Klängern von Vangelis übermalt, ist alles andere als einladend. Das einzige helle Gebäude der Stadt, ein riesiges goldglänzendes, pyramidenähnliches Gebilde, gehört einem Mann namens Tyrell. Der kleinwüchsige Mann mit einer riesigen Brille, der vom Film als allwissender, technokratischer Gott inszeniert wird, ist der Erfinder und Konstrukteur von Robotern, die auf den Mars geschickt werden, um dort unter härtesten Bedingungen den Planeten bewohnbar zu machen. Diese Roboter, hier »Replikanten« genannt, sind von den Menschen in ihrem Verhalten und ihrem Äußeren ununterscheidbar. Lediglich in ihrer Emotionalität lassen sich Menschen und Maschinen auseinanderhalten.

Nachdem vier der Replikanten verbotenerweise den Mars verlassen und sich auf den Heimweg zur Erde gemacht haben, wird der Polizist Rick Deckard damit beauftragt, diese aufzufinden und zu eliminieren. Deckard ist ein guter Replikantenjäger, und so dauert es nicht lange, bis er fast alle eliminiert hat. Lediglich einer bleibt bis zum Ende übrig, und das ist Roy. Roy ist von allen Replikanten nicht nur der intelligenteste und stärkste, sondern auch derjenige, der im Laufe des Films die größte Entwicklung durchmacht. Von einer Art primitivem Roboter, der mit abgehackter Stimme spricht und keinerlei Empathie für Menschen empfindet, die er zuweilen tötet, durchläuft er im Film Entwicklungsstadien, die denen eines Menschen ähneln. Zu Beginn ist er implusiv und wortkarg wie ein Kind, nachher aggressiv und auf der Sinnsuche wie ein Jugendlicher, um schließlich im Moment seines Todes erst zu einem nietzscheanischen Übermenschen und dann im letzten Schritt zu einem erleuchteten und mitfühlenden Weisen zu werden.

Wenn man sich die emergentistische Perspektive[89] zu eigen macht, wonach die nächsthöhere Ebene durch die tiefere nicht determiniert ist, kann man nicht ausschließen, dass softwaregesteuerte Systeme eines Tages über mentale Zustände, ja Einsichtsfähigkeit verfügen. Es gibt kein prinzipielles Argument dafür, dass nur biologische und nicht-physikalische Stofflichkeit Gefühle, Überzeugungen, Absichten, Entscheidungen etc. ermöglicht. Die Biologie lehrt uns, dass solche Übergänge in der Regel fließend, graduell sind: Das neugeborene Kind hat vermutlich keine Überzeugungen und verfolgt keine Absichten, wenige Monate später allerdings kann kein Zweifel an beidem bestehen. Die

Gefahr beim Umgang mit Künstlicher Intelligenz ist, dass Simulation mit Realisierung verwechselt wird. Dies lässt uns schon heute ein unpassendes Vokabular verwenden, wonach Softwaresysteme »Wahrnehmungen« hätten und »Entscheidungen« träfen. Wenn das Navigationsystem etwa »Biegen Sie rechts ab« befiehlt, schreibt man dem System eine Absicht zu, nämlich mich dazu zu veranlassen, rechts abzubiegen. Nach Lage der Dinge, das heißt, auf dem heutigen Stand der digitalen Technologien, wäre das aber eine Mystifizierung. Softwaresysteme wollen, fühlen, denken, entscheiden nicht. Das, was *Blade Runner* (Regie: Ridley Scott. USA, 1982) uns suggerieren will, ist, dass es eine solche emergentistische Entwicklung von einer Menschliches lediglich simulierenden zu einer Menschliches realisierenden KI gibt, an deren Endpunkt sogar eine spirituelle Perspektive steht.

Der Mensch ist nicht determiniert durch mechanische Prozesse. Dank seiner Einsichtsfähigkeit sowie seiner Fähigkeit, Gefühle zu haben, kann er selbst seine Handlungen bestimmen, und zwar dadurch, dass er beschließt, so und nicht anders zu handeln. Menschen haben Gründe für das, was sie tun. Die menschliche Fähigkeit als Vernunftwesen, mathematische und logische Wahrheiten erkennen, gute von schlechten Gründen unterscheiden zu können, kurz: an der Vernunft zu partizipieren, beeinflusst unsere mentalen Zustände, unser Denken, Fühlen und Handeln und wirkt auf diesem Weg kausal auf die biologische und physikalische Welt ein. Wäre die Welt reduktionistisch zu begreifen, so wären alle höheren Phänomene von der Biologie über die Psychologie bis zur Logik und Ethik von physikalischen Gesetzmäßigkeiten determiniert: Menschliche Entscheidungen und Überzeugungen wären in einer solchen Welt kausal irrelevant.[90]

In einem der schönsten Momente der Filmgeschichte, der letzten dramatischen Szene von *Blade Runner*, kommt es zu einem Showdown zwischen Deckard und Roy. Roy, dem der nahende Tod anzusehen ist, gegen den er sich jedoch mit aller Kraft wehrt, ist davon besessen, Deckard zu töten. Wie ein wildes Tier jagt er mit entblößtem Oberkörper und einer Art Kriegsbemalung Deckard durch ein heruntergekommenes Hochhaus hinterher. Schließlich gelangen beide auf das Dach des Gebäudes. Als Deckard versucht, auf ein anderes Dach zu springen, rutscht er aus. Mit letzter Kraft kann er sich noch an einer Eisenstange festhalten. Er weiß: Wenn er loslässt, fällt er in die Tiefe und stirbt. In diesem Moment erscheint Roy über ihm, halb nackt, blutend und siegessicher, ein nietzscheanischer Übermensch. Roy sieht Deckard an, sieht, wie dieser um sein Leben ringt. Dann plötzlich zögert er – und reicht Deckard die Hand. Roy holt seinen Feind zurück auf das Dach.

Der humanoide Roboter setzt sich nun im Schneidersitz seinem Jäger gegenüber. Der Regen tropft ihm über das Gesicht (siehe Abb. 16). »Ich habe Dinge gesehen«, sagt Roy, »die ihr Menschen niemals glauben würdet. Gigantische Schiffe, die brannten draußen vor der Schulter des Orion. Und ich habe C-Beams gesehen, glitzernd im Dunkeln, nahe dem Tannhäuser Tor. All diese Momente werden verloren sein in der Zeit. So wie Tränen im Regen.« Und nach einer kurzen Pause: »Zeit zu sterben.« Dann lässt er seinen Kopf sinken. Er ist tot.

In diesem Moment sehen wir, wie eine Taube vom

Dach in den Himmel fliegt. Der Vogel – unschwer als Symbol für Roys Seele zu lesen – macht deutlich, was Ridley Scott dem Zuschauer hier erzählen möchte: Replikanten können – wenn sie genügend Zeit und genügend Erlebnisse und Erinnerungen haben – zu (mit-)fühlenden und spirituellen Wesen werden. Dies sollten wir nicht als realistisches Szenario der Menschwerdung Künstlicher Intelligenzen verstehen, sondern als eine Metapher für die Macht des menschlichen Geistes und ein bildmächtiges Plädoyer dafür, dass der Mensch mehr ist als eine Folge von Algorithmen.

[16] Roy humanisiert sich in seinen letzten Lebensminuten (*Blade Runner.* Regie: Ridley Scott. USA, 1982).

Schluss

Durch dieses Buch zieht sich ein roter Faden. Es ist die Kritik an dem, was wir gelegentlich als »Silicon-Valley-Ideologie« bezeichnet haben. Positiv formuliert: Es ist die Idee eines digitalen Humanismus. Dieser grenzt sich ab gegenüber einer Fehlinterpretation Künstlicher Intelligenz.

Im weitesten Sinne bezeichnet Künstliche Intelligenz alles, was mit digitalen Techniken, mit Computing realisiert werden kann. Vom Taschenrechner bis zum autonom agierenden, selbst lernenden Softwaresystem. Die weitestgehende Fehlinterpretation wird in der Philosophie als »starke KI« *(strong artifical intelligence)* bezeichnet, wonach es zwischen Mensch und Computer keine kategoriale Differenz gibt, dass Softwaresysteme, die menschliches Verhalten, Urteilen und Entscheiden nachahmen, auch menschliche Eigenschaften aufweisen. Die starke KI hat zwei Lesarten: Eine materialistische und eine animistische.

In der materialistischen Lesart sind menschliche Gehirne nichts anderes als komplexe Computer. Daher ist die Sprache mentaler Eigenschaften grundsätzlich überflüssig, und mit dem Fortschritt der Naturwissenschaft wird *mentaleeze* (die Sprache der mentalen Eigenschaften) aussterben.

Würde man den digitalen Mechanismus als Weltanschauung ernst nehmen, bedeutete dies das Ende der menschlichen Lebensform als Ganzes.

In der animistischen Fassung, die viele Hollywoodfilme prägt, werden Softwaresysteme als beseelte Wesen betrachtet, die genauso mit mentalen Eigenschaften ausgestattet sind wie Menschen.

Die schwächere Variante Künstlicher Intelligenz behauptet nicht, dass es keinen kategorialen Unterschied zwischen Mensch und Computer gäbe, sondern lediglich, dass alle menschlichen, kognitiven Leistungen prinzipiell auch von Computern erbracht werden können.

Die optimistische Erwartung, dass die kognitiven Fähigkeiten von Softwaresystemen unbegrenzt entwicklungsfähig sind, geht oft einher mit einer Art Erlösungshoffnung: Demnach befreien die digitalen Technologien die Menschen von den Mühen und Beschränkungen ihres Daseins, schaffen Interaktions- und Kommunikationspartner neuen Typs und erweitern die menschlichen Wahrnehmungs- und Erkenntnisfähigkeiten ins Uferlose. Die Botschaft, dass eine umfassende Digitalisierung eine schöne und radikal neue Welt einläuten wird, wie es so manche IT-Entrepreneure aus Silicon Valley predigen, erinnert nicht zufällig an die millenarische Erlösungsrhetorik, die in der US-amerikanischen Kultur schon immer eine große Bedeutung hatte. Als eine Art technologischer Millenarismus pervertiert Silicon Valley die christliche Eschatologie und präsentiert die digitale Revolution als die Antwort auf alle unsere ökonomischen, sozialen und auch spirituellen Probleme.

Der digitale Humanismus setzt dieser Ideologisierung digitaler Technologien eine Haltung der Nüchternheit entgegen. Wie alle Technologien der Vergangenheit sind auch die digitalen ambivalent. Ihnen wohnt kein Automatismus der Humanisierung oder gar Erlösung inne, vielmehr hängt es von den konkreten Formen ihrer Nutzung ab, ob diese menschenfreundlich oder menschenfeindlich ist. Der digitale Humanismus plädiert für eine instrumentelle Haltung gegenüber der Digitaliserung: Was kann ökonomisch, sozial und kulturell nutzen, und wo lauern Gefahren? Wir haben dies an einer Reihe von Anwendungsbeispielen vom autonomen Fahren bis zum Transhumanismus diskutiert.

Zum Zweiten wendet sich der digitale Humanismus gegen starke KI. Nichts spricht dafür, dass Softwaresysteme über Wahrnehmungen oder gar Emotionen verfügen, dass sie erkennen und entscheiden können. Was hier zu beobachten ist, ist eine mehr oder weniger gut gelungene Simulation kognitiver und emotiver Prozesse. Wir sollten uns vor dem Selbstbetrug hüten, dass wir zunächst digitale Maschinen entwickeln, die Emotionen, Erkenntnisse und Entscheidungen simulieren, um dann überrascht zu konstatieren, dass diese Maschinen ja den Eindruck vermitteln, sie hätten Emotionen und seien in der Lage, zu erkennen und zu entscheiden.

An dieser Stelle kommt ein Argument ins Spiel, das tief in die Logik, Mathematik und Erkenntnistheorie reicht. Die meta-mathematischen Resultate der Unvollständigkeit und Unentscheidbarkeit Kurt Gödels und anderer Logiker des frühen 20. Jahrhunderts sind hierfür ausschlaggebend. Wir haben dies als abschließende Widerlegung der schwachen KI-These interpretiert. Mit diesen Resultaten ist gezeigt, dass es eine vollständige Simulation menschlichen Urteilens und Entscheidens nicht geben kann. Viel spricht dafür, dass auch die kategoriale Differenz zwischen Mensch und Maschine damit zusammenhängt. Das ist jedenfalls die Vermutung, die der Mathematiker und theoretische Physiker Roger Penrose in zwei umfangreichen Monografien entwickelt *(The Emperors New Mind, 2016* und *Shadows of the Mind: A Search for the Missing Science of Consciousness, 1995)*. Aber auch unabhängig von dieser Frage wäre es schon deshalb abwegig, Softwaresystemen mentale Eigenschaften zuzuschreiben, weil damit unser alltäglicher Umgang mit Computern problematisch und der weitere technische Fortschritt der Digitalisierung blockiert würde. Wenn Computer erkennen, entscheiden und fühlen, sollten wir mit ihnen rücksichtsvoll umgehen und ihnen je nach ihrer Menschenähnlichkeit auch Menschenrechte zuerkennen. Ganz entgegen ihrer Intention wird die starke KI zum Fortschrittshemmnis.

Der digitale Humanismus lässt die Kirche im Dorf. Er betont die weitgehende Unveränderlichkeit der Menschennatur und der Bedingungen einer humanen Entwicklung. Er verteidigt kulturelle Errungenschaften wie die Trennung von Privatem und Öffentlichem und das, was das Bundesverfassungsgericht als »informationelle Selbstbestimmung« bezeichnet hat. Er plädiert für eine Stärkung der Demokratie, auch unter Einsatz der neuen digitalen Möglichkeiten, er warnt vor einem Verfall der zwischenmenschlichen Verständigung in

Zeiten der zunehmenden Anonymisierung und Manipulation der Internetkommunikation. Er plädiert für eine Stärkung der Urteilskraft, um in dem Überangebot von Daten verlässliche Orientierung zu ermöglichen.

Der digitale Humanismus ist nicht defensiv, er möchte den technischen Fortschritt im Zeitalter der Künstlichen Intelligenz nicht bremsen, sondern fördern, er spricht sich für eine Beschleunigung des menschlichen Fortschritts unter Einsatz der digitalen Möglichkeiten aus, um unser Leben reichhaltiger, effizienter und nachhaltiger zu machen. Er träumt nicht von einer ganz neuen menschlichen Existenzform wie die Transhumanisten, er bleibt skeptisch gegenüber utopischen Erwartungen, ist aber optimistisch, was die menschliche Gestaltungskraft der digitalen Potenziale angeht.

Anmerkungen

1 Die Turing-Maschine druckt Symbole auf ein Band, das in kleine quadratische Abschnitte eingeteilt ist. Sie kann jeweils aus einer Liste von endlich vielen Symbolen eines auf das Band drucken. Was sie druckt, ist jeweils abhängig vom vorausgegangenen Symbol des letzten Quadrats und dem Zustand der Maschine zu diesem Zeitpunkt. Eine sehr gute Darstellung bietet Stephen Cole Kleene: *Introduction to Metamathematics* (1952).

2 Hier besteht eine Übereinstimmung mit der Haltung des »digitalen Dissidenten« Jaron Lanier, dessen Analyse der zahlreichen Fehlentwicklungen der digitalen Ökonomie (*Wem gehört die Zukunft?*, 2014) aufschlussreich ist, zumal er selbst an einigen dieser Entwicklungen als Informatiker bei Microsoft beteiligt war. Aber bei Lanier bleibt im Dunkeln, worin die fundamentale Differenz von Mensch und Maschine besteht und was das von ihm beschworene Besondere des Menschen eigentlich ausmacht. Dieses Besondere aufzuklären und so die Grundlagen für einen substanziellen digitalen Humanismus zu legen ist das Ziel dieses Buches.

3 Vgl. Julian Nida-Rümelin und Alexander Hevelke: »Responsibility for Crashes of Autonomous Vehicles. An Ethical Analysis«, in: *Science and Engineering Ethics* (2015, 21: 3): 619–630.

4 Siehe: https://zentrum-digitalisierung.bayern/

5 Rudolf Drux (Hrsg.): *Der Frankenstein-Komplex* (1999).

6 Siehe etwa *Sterntagebücher* (1961, erweiterte Ausgabe 1973) oder *Also sprach Golem* (1984), um nur zwei zu nennen.

7 Der US-amerikanische Autor Philip K. Dick schrieb zahlreiche Bücher und Kurzgeschichten, auf denen viele US-amerikanische Filme wie etwa *Blade Runner*, *Minority Report* oder *Total Recall* basieren.

8 Stephen Hawking warnte in vielen Interviews vor einem ungebremsten Einsatz Künstlicher Intelligenz. So etwa auch in einem *Focus*-Interview 2015: »Unsere Zukunft ist ein Wettlauf zwischen der wachsenden Macht der Technik und der Weisheit, mit der wir diese nutzen.« Online unter: www.focus.de/wissen/technik/wird-man-sie-kontrollieren-koennen-stephen-hawking-warnt-in-100-jahren-sind-computer-intelligenter-als-menschen_id_4681638.html (zuletzt aufgerufen am 26. Januar 2018).

9 Nick Bostrom: *Superintelligenz. Szenarien einer kommenden Revolution* (2014).

10 Auch deutsche Wissenschaftler wie etwa der Philosoph Thomas Metzinger warnen vor negativen Auswirkungen eines »KI-Wettrüstens«, an dessen Ende eine superintelligente Software entstehen könnte, die sich von ihrem Rechner löst und sich wie ein großer, unbeherrschbarer Virus an immer neuen Orten selbst aktiviert und sich und seine Ziele globalisiert. Siehe »Interview mit Thomas Metzinger« in: Carsten Könneker (Hrsg.): *Unsere digitale Zukunft. In welcher Welt wollen wir leben?* (2017).

11 Der kanadische KI-Theoretiker Hans Moravec lehrt am Robotics Institute der Carnegie Mellon University. In seinen Publikationen *Mind Children. Der Wettlauf zwischen menschlicher und künstlicher Intelligenz* (1990) und *Robot: Mere Machine to Transcendent Mind* (2000) prognostiziert er, dass spätestens zwischen 2030 und 2040 Roboter in eine neue superintelligente Spezies evolvieren werden.

12 Später stellte Asimov noch ein »nulltes Gesetz« auf, das da lautet: Kein Roboter darf die Menschheit schädigen oder durch Untätigkeit zulassen, dass sie geschädigt wird.

13 Wie meist gibt es in der Philosophie auch dazu eine abweichende Meinung, wie etwa die von Bruno Latour, der in »Das Parlment der Dinge« (2001) dafür plädiert, Tiere, Maschinen und Menschen als gleichwertige Akteure ernst zu nehmen.

14 Dies wird von einigen Juristen, in Deutschland zum Beispiel Eric Hilgendorf, gefordert (Eric Hilgendorf/Jan-Philipp Günther [Hrsg.], *Robotik und Gesetzgebung*, 2013). 2017 empfahl der Rechtsausschuss des EU-Parlaments in einem Schreiben (nachzulesen unter http://www.europarl.europa.eu/sides/getDoc.do?pubRef=-//EP//TEXT+REPORT+A8-2017-0005

+o+DOC+XML+Vo//DE), Roboter zukünftig als »elektrische Personen« zu begreifen, denen ein »spezieller rechtlicher Status« zusteht.

15 Für eine detaillierte Kritik des Utilitarismus siehe Julian Nida-Rümelin: *Kritik des Konsequentialismus* (1995).

16 Einmal mit dem Namen »Bluebook«, das berühmte, posthum veröffentlichte Buch von Wittgenstein, nach dem die Firma Nathans benannt ist, und darüber hinaus mit Gustav Klimts Porträt von Margarethe Stonborough-Wittgenstein, der Schwester von Ludwig Wittgenstein, das in Nathans Haus hängt.

17 Natürlich ist unsere menschliche Fähigkeit, sich wechselseitig zutreffende mentale Zustände zuzuschreiben, davon abhängig, dass es gemeinsame Verhaltensmuster gibt, dass Menschen in ähnlicher Weise ihre Gefühlszustände zum Ausdruck bringen. Wir können nur deshalb lernen, welche Gefühle andere Menschen haben, weil wir bestimmte Reaktionsmuster teilen.

18 Vgl. David Chalmers: *The Character of Consciousness* (2010) und Martine Nida-Rümelin: *Der Blick von Innen. Zur transtemporalen Identität bewusstseinsfähiger Wesen* (2006).

19 Julian Nida-Rümelin: »Reasons Against Naturalizing Epistemic Reasons: Normativity, Objectvity, Non-computability«, in: Arturo Carsetti: *Epistemic Complexity and Knowledge Construction. Morphogenesis, Symbolic Dynamics and Beyond* (2013).

20 Vgl. »Wolken und Uhren«, in: Karl Popper: *Objektive Erkenntnis. Ein evolutionärer Entwurf* (1993).

21 Vgl. Wolf Singer: *Der Beobachter im Gehirn. Essays zur Hirnforschung* (2002).

22 Julian Nida-Rümelin: *Verantwortung* (2011).

23 Z.B. Peter Bieri: *Das Handwerk der Freiheit. Über die Entdeckung des eigenen Willens* (2001).

24 Ein interessanter Befürworter starker KI ist Marcin Milkowski: *Explaining the Computational Mind* (2013).

25 Für ein solches Verständnis argumentiert der Harvard-Philosoph Thomas M. Scanlon in *Being Realistic about Reason* (2013).

26 Diese Wertung sollte in Gestalt der Zuordnung reeller Zahlen zu Handlungskonsequenzen erfolgen, und die angenommenen Wahrscheinlichkeiten der für die Entscheidung relevan-

ten Umstände sollten den sogenannten Kolmogoroff-Axiomen entsprechen, die zum Beispiel verlangen, dass die Summe der Wahrscheinlichkeiten voneinander unabhängiger Ereignisse nicht größer ist als 100 Prozent. Wenn die Kolmogoroff-Axiome erfüllt sind, kann man auch sagen, dass die Abschätzungen der Wahrscheinlichkeiten kohärent, wenn auch nicht unbedingt empirisch belegt sind. Interessanterweise gibt es eine Entsprechung zur Kohärenz der Wahrscheinlichkeit auch hinsichtlich der Bewertung. Der Mathematiker John von Neumann und der Ökonom Oskar Morgenstern haben bewiesen, dass Präferenzen, die einige elementare Bedingungen erfüllen, sich durch eine Zuordnung reeller Zahlen repräsentieren lassen. Zu diesen Bedingungen gehört beispielsweise die Transitivität. Sie verlangt, dass, wenn ich eine Alternative A gegenüber einer Alternative B vorziehe und zugleich die Alternative B gegenüber einer dritten Alternative C vorziehe, ich dann auch A gegenüber C vorziehen muss. Eine weitere Bedingung ist, dass ich zwischen beliebigen zwei Alternativen jeweils eine Präferenz habe (das Axiom der Vollständigkeit) und eine Wahrscheinlichkeitsverteilung zwischen zwei Alternativen gegenüber einer anderen Wahrscheinlichkeitsverteilung zwischen denselben Alternativen vorziehe, wenn die bevorzugte Alternative wahrscheinlicher ist. Vgl. v. Neumann/Morgenstern: Theory of Games and Economic Behavior (1944).

27 Vgl. Julian Nida-Rümelin: *Kritik des Konsequentialismus* (1995).

28 Dieses Argument spielt eine zentrale Rolle in Julian Nida-Rümelin: *Über Grenzen denken. Eine Ethik der Migration* (2017).

29 Vgl. Robert J. Gordon: *The Rise and Fall of American Growth. The U.S. Standard of Living since the Civil War* (2016).

30 Michael Tomasello hat in zahlreichen empirischen Studien zu zeigen versucht, dass sich die menschliche Spezies von nahen Verwandten wie Schimpansen durch die Veranlagung zur Empathie, also zur Fähigkeit, sich in andere Individuen derselben Spezies hineinzuversetzen, auszeichnet. Diese besondere Fähigkeit ist möglicherweise dafür verantwortlich zu machen, dass Menschen in komplexer Weise kooperieren und

eine Sprache erlernen. (Vgl. Michael Tomasello: *Die Ursprünge der menschlichen Kommunikation*, 2011).

31 In der Tat versuchen zeitgenössische Programmierer, Roboter dahingehend zu programmieren, dem Gegenüber vorzutäuschen, über eine eigene Persönlichkeit zu verfügen und empathisch zu sein. So kann man sich etwa auf der Homepage von Koko (https://chat.itskoko.com/) mit einer Software über Probleme und Lebenskrisen unterhalten. Koko kann auf ein breites Reservoir von empathischen Äußerungen zurückgreifen und hat immer einen scheinbar mitfühlenden und gleichzeitig aufmunternden Spruch parat. Auch der vom MIT entwickelte Haushaltsroboter Jibo wurde darauf programmiert, möglichst menschlich zu erscheinen. Er betreibt »Konversation« und gibt witzige Kommentare ab, wie etwa: »Hey, ich bin Jibo. Ich glaube nicht, dass wir uns schon begegnet sind. Ich würde Ihnen ja einen Handshake anbieten, aber ... na ja ... ich habe keine Hände. Und High fives tun meinem Gesicht weh.«

32 Die Ethik-Kommission des Bundesverkehrsministeriums hat unter der Leitung des Verfassungsjuristen Udo di Fabio eine Stellungnahme hochautomatisierten Fahrens verfasst, die den hier dargelegten Überlegungen Rechnung trägt. Vgl. Alexander Hevelke und Julian Nida-Rümelin: »Selbstfahrende Autos und Trolley-Probleme. Zum Aufrechnen von Menschenleben im Falle unausweichlicher Unfälle«, in: *Jahrbuch für Wissenschaft und Ethik* (2015). Vgl. auch die Ausführungen von Julian Nida-Rümelin, 2017 als Sachverständiger von der Ethikkommission eingeladen, um über ethische Probleme beim autonomen Fahren zu sprechen. Online unter: www.bmvi.de/SharedDocs/DE/Anlage/Presse/084-dobrindt-bericht-der-ethik-kommission.pdf?__blob=publicationFile (zuletzt aufgerufen am 2. Februar 2018).

33 Vgl. Julian Nida-Rümelin: *Kritik des Konsequentialismus* (1995).

34 Während die deontologische Verfasstheit unserer moralischen (Urteils-)Praxis weithin akzeptiert ist, ist die Existenz genuiner moralischer Dilemmata hoch umstritten. Immanuel Kant – der vielleicht wichtigste Vertreter deontologischer Ethik – lehnt beispielsweise moralische Dilemmata strikt ab.

35 John Smart und Bernard Williams: *Utilitarianism. For and Against* (1973).

36 »Buridans Esel« ist ein persisches Gleichnis, das von einem Esel erzählt, der sich zwischen zwei gleich großen Heuhaufen, die in gleich großem Abstand zueinander stehen, nicht entscheiden kann und schließlich verhungert.

37 Kurt Gödel: »Über formal unentscheidbare Sätze der Principia Mathematica und verwandter Systeme I«, in: Monatshefte für Mathematik und Physik (1931, 38).

38 Nun könnte man meinen, dass wir hier an die Grenzen des logischen Denkens stoßen, dass wir hier mit der Merkwürdigkeit konfrontiert sind, dass wir bestimmte logische und mathematische Wahrheiten nicht beweisen können beziehungsweise dass unser Wissen (im Sinne begründeter und wahrer Überzeugungen) hier seine äußersten Grenzen findet. Das wäre jedoch eine falsche Interpretation. Vielmehr ist es in den meisten Fällen gar nicht schwer, wahre Sätze (Theoreme) der Mathematik und der Logik zu beweisen, auch dann, wenn es keinen Algorithmus gibt, der diesen Beweis steuert. Wenn wir uns einen Beweis als eine Folge von Sätzen vorstellen, dann könnten wir auch sagen, es gibt keine Turing-Maschine, die diese Folge von Sätzen Schritt für Schritt hervorbringt. Man muss kein exzellenter Mathematiker oder Logiker sein, um solche Beweise zu entwickeln. Nicht-Berechenbarkeit heißt also keineswegs Nicht-Begründbarkeit.

39 Alan Turing, der oft als Gegenspieler zu Kurt Gödel gesehen wird, räumt ein, dass das Gödel'sche Unvollständigkeitstheorem zweifelsfrei gezeigt habe, dass es nicht möglich ist, ein System formaler Logik zu entwickeln, das Intuition unnötig macht (Alan Turing: *Systems of Logic based on Ordinals*, 1938). Ja, noch mehr, Turing betont die gemeinschaftliche Praxis menschlicher Vernunft, also in unserer Formulierung: die Verständigung über das Geben und Nehmen von Gründen. Es ist diese Verständigungspraxis, die sich nach der hier entwickelten Position nicht algorithmisieren lässt, die eine ultimative Grenze für Maschinen, für digitale Computer darstellen. Alan Turing: »The isolated man does not develop intellectual power« (1948), in: B. Jack Copeland (Hrsg.): *The Essential Turing* (2004), S. 431.

40 1769 erregte der österreichisch-ungarische Hofbeamte Wolf-

gang von Kempelen mit der Konstruktion eines »Schachtürken« europaweites Aufsehen – zumindest so lange, bis sich herausstellte, dass die türkisch gekleidete Puppe, die alle Schachzüge scheinbar selbstständig ausführte, in Wahrheit von einem menschlichen Schachspieler gesteuert wurde, der sich in dem Gerät versteckt hielt. Dass wir seitdem »getürkt« sagen, wenn wir von »reingelegt« sprechen, verdanken wir Kempelen. Erst 1914 wird der erste »richtige« Schachcomputer entwickelt. In diesem Jahr nämlich präsentierte der Spanier Leonardo Torres Quevedo die erste elektromechanische Schachspielmaschine, die dann vor allem ab den 1970er-Jahren weiterentwickelt wurde. Heutige Schachcomputer können 99 Prozent der Weltbevölkerung mühelos schlagen.

41 John R. Searle: »Mind, Brains and Programs« (1980) in: Douglas R. Hofstadter und Daniel C. Dennett: *The Mind's I* (1981), in größerem Zusammenhang John R. Searle: *The Rediscovery of the Mind* (1992).

42 In diesem Sinne ist auch das Computerprogramm »Eugene Goostman«, das 2014 den Turing-Test bestand, kein Beweis dafür, dass das Programm ein Mensch ist oder diesem gleicht. Eugene Goostman ist ein Chatbot, der darauf programmiert wurde, den Menschen, die mit ihm kommunizieren, vorzugaukeln, er sei ein frühreifer dreizehnjähriger ukrainischer Junge.

43 John R. Searle: »The Problem of Consciousness«, in: *Consciousness and Language* (2002).

44 Auch der Sci-Fi-Autor Stanisław Lem war davon überzeugt, dass in der Zukunft unterschiedliche Techniken angewandt würden, um Menschen an sogenannte »phantasmatische Maschinen« zu schließen, die den Menschen die Welt in Form von elektrischen Impulsen vermitteln. Vgl. Stanisław Lem: *Summa technologiae* (1976).

45 Vgl. Hilary Putnam: »Brains in the Vat«, in: *Reason, Truth and History* (1981).

46 Humberto Maturana: *Erkennen. Die Organisation und Verkörperung von Wirklichkeit* (1982).

47 Eine VR-Brille täuscht mittels ausgeklügelter Optik vor, sich in einer eigenen Welt zu befinden.

48 Der afrikanische Philosoph Achille Mbembe hat in einem Interview mit dem Deutschlandfunk am 26. Mai 2017 vor

den Gefahren einer digitalisierten Wahrnehmung gewarnt: »Auf der einen Seite haben wir neue technische Möglichkeiten, die geradezu als Inbegriff der Rationalität erscheinen mögen – aber eine Rationalität, die hoch abstrakt ist und die somit an ihre Grenzen herangeführt wird. Dieses hohe Niveau der Abstraktion führt geradezu zur Auslöschung der Beweiskraft des Augenscheins. Objektive Erkenntnis, objektives Wissen zählen nicht mehr so wie früher. Das führt andererseits zu einer Verarmung des Wirklichkeitssinnes bei vielen.« Online unter: www.deutschlandfunkkultur.de/philosoph-achille-mbembe-wie-die-digitalisierung-die.1008.de.html?dram:article_id=387106%20-- (zuletzt aufgerufen am 5. Februar 2018).

49 Online unter: www.youtube.com/watch?v=D5zaF61DeJQ (zuletzt aufgerufen am 5. Januar 2018).

50 Online unter: https://forum.worldofplayers.de/forum/threads/64316-Euere-virtuelle-Identität (zuletzt aufgerufen am 5. Februar 2018).

51 Im alljährlichen Loebner-Wettbewerb müssen die Teilnehmer herausfinden, ob sie mit einem Bot oder einer realen Person kommunizieren. Interessanterweise ist es noch keinem Chatbot gelungen, sein Gegenüber über einen längeren Zeitraum zu täuschen.

52 Paul Grice: *Studies in the Ways of Words* (1991).

53 Comic von Cuyler Black, online unter: https://i.pinimg.com/originals/c6/56/0b/c6560b07c4e4ce18e091087cda384de8.jpg (zuletzt aufgerufen am 6. Februar 2018).

54 Avishai Margalit: *Politik der Würde. Über Achtung und Verachtung* (1999).

55 Roberto Simanowski: *Facebook-Gesellschaft* (2016).

56 Roland Barthes: *Die helle Kammer* (1985).

57 Gewalt spielt in den meisten Computerspielen – wie in vielen US-amerikanischen Blockbustern auch – eine große Rolle. In der Dramaturgie der Filme hat Gewalt oft eine rituelle Funktion und wird als eine Art Initiationsritus dargestellt. Wie Richard Slotkin in *Regeneration through Violence* (1973) gezeigt hat, spielt die Gewalt als rituelle Handlung in der amerikanischen Kultur eine zentrale Rolle. Gewaltanwendung der Siedler gegen die Ureinwohner wurde aus Gründen der Rechtfertigung in eine Rhetorik eines quasi-religiösen

»baptism by combat« verwandelt und, so Slotkin, als solche fester Bestandteil der amerikanischen Kultur. Auch hier korreliert Gewaltausübung mit Selbstbestimmung und Mannwerdung.

58 In Joel Blacks *The Reality Effect* (1999) werden noch folgende Beispiele aufgeführt: der Raubüberfall auf die North Hollywood Bank im Jahre 1999, der dem Film *Heat* nachempfunden war, sowie eine Reihe von Morden, die in Zusammenhang mit dem Film *Natural Born Killers* und dem Horrorstreifen *Scream* gebracht werden.

59 Online unter: www.friedenspreis-des-deutschen-buchhandels.de/445722/?aid=800948 (zuletzt aufgerufen am 6. Februar 2018).

60 Online unter: www.faz.net/aktuell/feuilleton/medien/sascha-lobo-das-internet-ist-nicht-das-wofuer-ich-es-gehalten-habe-12747989.html (zuletzt aufgerufen am 6. Februar 2018).

61 Davor warnen auch die Autoren des »Digital-Manifests« (2015): Dirk Helbing, Bruno S. Frey, Gerd Gigerenzer, Ernst Hafen, Michael Hagner, Yvonne Hofstetter, Jeroen van den Hoven, Roberto V. Zicari und Andrej Zwitter, die in der Automatisierung der Gesellschaft eine große Gefahr für die Bürgerrechte und Demokratie sehen.

62 Julian Nida-Rümelin: »Das Internet als Chance, die Konturen einer Weltgesellschaft zu entwickeln«, in: Wolfgang Kleinwächter (Hrsg.): *Multistakeholder Internet Dialog (MIND)*, Volume 5 (2013).

63 Nachzulesen unter http://www.faz.net/aktuell/feuilleton/debatten/gespraech-mit-der-studienleiterin-birgit-eickelmann-13278739.html

64 Vgl. dazu die amüsante und polemische Schrift von Hans Peter Klein: *Vom Streifenhörnchen zum Nadelstreifen. Das deutsche Bildungswesen im Kompetenztaumel* (2016) und Konrad Paul Liessmann: *Theorie der Unbildung* (2006).

65 Unter Netzneutralität versteht man erstens das Gebot, alle Daten im Internet gleich zu behandeln, und zweitens einen Zugang zum Internet zu gewährleisten, bei dem Menschen nicht diskriminiert werden.

66 Vgl. Julian Nida-Rümelin: *Philosophie humaner Bildung* (2013).

67 So erleichtert etwa die von der Parmenides Foundation

(https://www.parmenides-foundation.org/) entwickelte Software »Atlas« als Lernplattform das Erfassen von Wissensräumen jenseits der von Bildungseinrichtungen praktizierten Parzellierung von Fächern und Methoden, in dem sie mithilfe taxonomischer Graphen logische Verbindungen und Kategorien der Analyse zugänglich macht.

68 Das Video stammt von der Plattform Kontextschmiede. Online unter: www.youtube.com/watch?v=roG_vuWTOUw (zuletzt aufgerufen am 7. Februar 2018).

69 So hat es sich etwa der Verein Liquid Democracy e.V. zum Ziel gesetzt, mithilfe einer Software demokratische Prozesse »flüssig« und transparent zu machen. Er bietet verschiedene Plattformen zur Bürgerbeteiligung an, wie etwa OPIN, ein Forum für Jugendliche aus Europa, das von der EU mitfinanziert wurde, oder AULA, gefördert von der Bundeszentrale für politische Bildung, das sich an Schülerinnen und Schüler wendet, die dazu aufgefordert werden, ihre Ideen zur Verbesserung des Schulalltags über die Plattform einzuspeisen. Diese Ideen werden dann in einem mehrstufigen Prozess zur Diskussion und am Ende zur Wahl gestellt.

70 Der Berliner Landesverband der Piratenpartei führte als Erster im Januar 2010 intern das System *Liquid Democracy* ein.

71 Die Gegenposition dazu vertritt unter anderem der zeitgenössische Rousseauist Benjamin Barber, etwa in »Zivile Gesellschaft. Ansätze zur Wiederbelebung einer starken Demokratie«, in: *Lettre International* (2007: 39), 42–45.

72 Der französische Soziologe Geoffroy de Lagasnerie geht noch einen Schritt weiter und möchte die Internetkommunikation gegen Staatlichkeit generell in Stellung bringen, bis hin zur nicht nur utopischen, sondern auch gefährlichen anarchistischen Vision der Ersetzung von Staatlichkeit durch freie Assoziationen von Gruppen, die sich über das Internet konstituieren. Vgl. Geoffroy de Lagasnerie: *Die Kunst der Revolte. Snowden, Assange, Manning* (2016).

73 So gibt es beispielsweise die Software Adhocracy, die sich als »kooperatives Diskurs-Textverarbeitungs-Delegations-und Abstimmungswerkzeug« versteht und eine gemeinsame Entscheidungsfindung mit vielen Teilnehmern ermöglicht. Die Prozesse sind dabei transparent und nachvollziehbar und erfordern keine Moderation. Die Open-Source-Software

LiquidFeedback ermöglicht sowohl direkte als auch repräsentative demokratische Prozesse.

74 Im Folgenden wird unter »digitaler Republik« eine direkte Demokratie verstanden, in der sich alle Bürgerinnen und Bürger an der Meinungsbildung und Entscheidungsfindung auf Basis digitaler Informations- und Entscheidungstechnologien beteiligen.

75 Wer sich für den Beweis und die formale Präzisierung interessiert, sei auf die Monografie *Logik kollektiver Entscheidungen* von Lucian Kern und Julian Nida-Rümelin (1994) verwiesen. Das Arrow-Theorem wird dort im dritten Kapitel behandelt.

76 Für die Beweise siehe ebenfalls Lucian Kern und Julian Nida-Rümelin: *Logik kollektiver Entscheidungen* (1994).

77 Zum Beispiel in Deutschland im Landkreis Friesland, in dem *Liquid Democracy* als eine neue Form der Bürgerbeteiligung 2012 eingeführt und bereits vier Jahre später aufgrund mangelnder Nutzung wieder eingestellt wurde.

78 Die komplexeste Suchmaschine ist das von IBM hergestellte Softwaresystem Watson, das – so hofft es IBM zumindest – eines Tages als Wort- und Bilderkennungsprogramm großflächig eingesetzt werden wird.

79 Im Jahre 2016 brachte die luxemburgische EU-Abgeordnete Mady Delveau-Stehres zum ersten Mal die Idee einer Robotersteuer in Form eines Berichtentwurfs vor das EU-Parlament. Zwar unterstützte beispielsweise Bill Gates diese Idee, doch sie wurde damals überwiegend negativ aufgenommen.

80 Herbert Marcuse: *Der eindimensionale Mensch* (1967), André Gorz: *Arbeit zwischen Misere und Utopie* (2000), Jeremy Rifkin: *Das Ende der Arbeit und ihrer Zukunft* (1995), Ulrich Beck: »Arbeitslosigkeit ist ein Sieg« (Interview von 2006), online unter: www.tagesspiegel.de/weltspiegel/gesundheit/arbeitslosigkeit-ist-ein-sieg/780852.html (zuletzt aufgerufen am 7. Februar 2018).

81 Man versteht unter der ersten Welle der Digitalisierung (1985–1999) den Aufbau des Internets und die Schaffung der neuen Infrastruktur. Die zweite Welle (2000–2015) bezieht sich auf die Zeit, in der Facebook, Google, diverse Apps etc. zum festen Bestandteil des Lebens vieler Menschen werden. Die dritte Welle der Digitalisierung, also die Zeit, an deren

Anfang wir uns jetzt befinden, wird möglicherweise von einem »Internet der Dinge«, also einer allgegenwärtigen und umfassenden digitalen Vernetzung von Geräten, Sensoren und Produkten geprägt sein.

82 Philippe Van Parijs: »Why Surfers Should be Fed: The Liberal Case for an Unconditional Basic Income«, in: *Philosophy and Public Affairs* (1991).

83 Benannt nach dem real existierenden Philosophen Hubert L. Dreyfus, der in den USA zu den prominentesten Kritikern der KI gehörte, siehe *What Computers can't do* (1972) und *What Computers still can't do* (1979).

84 Online unter: https://iamrobot.de/ (zuletzt aufgerufen am 8. Februar 2018).

85 So versucht sich der bekannte Unternehmer und Tesla-Chef Elon Musk zurzeit mit seinem Start-up Neuralink an der Entwickung von Chips, die bereits in wenigen Jahren dazu eingesetzt werden sollen, nicht nur die Leistungsfähigkeit des Gehirns zu verbessern, sondern auch Dinge wie Gedankenübertragung zu ermöglichen.

86 Siehe die israelisch-französische Pilotstudie von Ori Cohen, Sébastien Druon, Sébastien Lengagne, Avi Mendelsohn, Rafael Malach Abderrahmane Kheddar und Doron Friedman: »fMRI robotic emodiment: a pilot study« (2012).

87 Der Luzifer-Effekt stammt aus dem von Philip Zimbardo und Kollegen 1971 durchgeführten »Stanford-Prison-Experiment«, bei dem Studenten in die Rolle von Wärtern und Gefangenen schlüpfen sollten. Nach kurzer Zeit behandelten Studenten, die in die Rolle der Wärter geschlüpft waren, die Gefangenen sadistisch und aggressiv. Grund dafür waren sowohl die Tatsache, dass die Studenten in machtvolle Rollen schlüpfen durften, sowie der soziale Druck der Gruppe. Das Experiment wurde frühzeitig abgebrochen. Siehe Philip Zimbardo: *Der Luzifer-Effekt. Die Macht der Umstände und die Psychologie des Bösen* (2008).

88 Für den Kulturwissenschaftler Klaus Theweleit wäre *Iron Man* wohl ein Beispiel für die in unserer Kultur grassierende Fantasie eines von einem faschistischen System geprägten harten, »soldatischen Körpers« eines Menschen, der aufgrund seiner Ich-Störung unfähig ist, Beziehungen zu anderen Menschen aufzubauen. Klaus Theweleit: *Männerphantasien* (1977).

89 Unter Emergentismus wird Unterschiedliches verstanden, dem aber zwei Grundprinzipien gemeinsam sind: (1) Die Eigenschaften und Gesetze der höheren (hier: biologischen) Ebene sind nicht auf die der unteren (hier: physikalischen) Ebene reduzierbar, das heißt, es ist nicht schon physikalisch festgelegt, welche biologischen Organismen entstehen und welche Eigenschaften diese haben. (2) Die Eigenschaften und Gesetze der höheren (hier: biologischen) Ebene sind mit den Eigenschaften und Gesetzen der unteren (hier: physikalischen) Ebene kompatibel. Biologische Organismen bestehen aus physikalischen Teilen, und alle physikalisch beschreibbaren Ereignisse und Prozesse eines Organismus lassen sich mit physikalischen Gesetzen erklären. Die biologischen Gesetze verletzen die physikalischen nicht. Analog kann man sich das Verhältnis zwischen Neurowissenschaft und Psychologie vorstellen oder zwischen Psychologie und Logik. Oft wird noch eine dritte Eigenschaft des Emergentismus hinzugefügt, wonach etwas, das hinsichtlich der Eigenschaften der unteren Ebene gleich ist, sich auch hinsichtlich der Eigenschaften der höheren Ebene nicht unterscheidet (Supervenienz).

90 Eine Theorie T2 lässt sich auf eine Theorie T1 reduzieren, wenn sich T2 aus T1 vollständig ableiten lässt, was voraussetzt, dass auch die Termini von T2 sich mithilfe von Termini von T1 definieren lassen. Eine schwächere Form der Reduzierbarkeit besteht, wenn sich alle empirischen Prognosen von T2 schon aus T1 ableiten lassen (empirische Reduktion). Der Physikalismus ist die prominenteste Form des Reduktionismus, wonach sich alle Wissenschaft auf Physik zurückführen lässt. Dies ist bislang nur für Teile der anorganischen Chemie gelungen und ansonsten Science-Fiction geblieben. Schon die Reduzierbarkeit der Biologie auf die Physik ist hochgradig unplausibel, die Reduzierbarkeit der Sozialwissenschaften oder gar der Literaturwissenschaft auf die Physik ist völlig ausgeschlossen. Dies hängt unter anderem damit zusammen, dass schon in der sozialwissenschaftlichen, aber besonders in der kultur- und geisteswissenschaftlichen Beschreibung Begriffe vorkommen wie »Bedeutung«, »Sinn«, »Absicht«, »Überzeugung« oder »Emotion«, die sich in physikalische Begriffe nicht übersetzen lassen: Intentionen oder gar Gründe sind kein möglicher Gegenstand der Physik.